U0861994

# 黄文秀扶贫日记

中国共产党百色市委员会宣传部 编著

广西科学技术出版社

图书在版编目（CIP）数据

黄文秀扶贫日记／中国共产党百色市委员会宣传部编著.
—南宁：广西科学技术出版社，2019.11（2024.4 重印）
ISBN 978-7-5551-1277-8

Ⅰ.①黄… Ⅱ.①中… Ⅲ.①日记—作品集—中国—当代
Ⅳ.①I267.5

中国版本图书馆 CIP 数据核字（2019）第 264729 号

**黄文秀扶贫日记**
中国共产党百色市委员会宣传部　编著

责任编辑：黎志海　张　珂　　封面设计：梁　良
责任印制：韦文印　　责任校对：陈剑平

出 版 人：卢培钊
出版发行：广西科学技术出版社　　地　　址：广西南宁市东葛路 66 号
邮政编码：530023　　网　　址：http//www.gxkjs.com

经　　销：全国各地新华书店
印　　刷：广西民族印刷包装集团有限公司
开　　本：890 mm × 1240 mm　1/32
字　　数：107 千字　　印　　张：4.625
版　　次：2020 年 6 月第 1 版　　印　　次：2024 年 4 月第 6 次
书　　号：ISBN 978-7-5551-1277-8
定　　价：34.00 元

**版权所有　侵权必究**
**质量服务承诺：如发现缺页、错页、倒装等印装质量问题，可直接向本社调换。**

# 《黄文秀扶贫日记》
# 编委会

主　任：黄彩毕

副主任：陆　波

编　委：农　琳　邓　暘

著　者：黄文秀　汤　婧　徐顺东　罗广勋

## 习近平对黄文秀同志先进事迹作出重要指示强调

# 不忘初心　牢记使命　勇于担当　甘于奉献<br>在新时代的长征路上做出新的更大贡献

**新华社北京7月1日电**　中共中央总书记、国家主席、中央军委主席习近平近日对黄文秀同志先进事迹作出重要指示表示，黄文秀同志不幸遇难，令人痛惜，向她的家人表示亲切慰问。他强调，黄文秀同志研究生毕业后，放弃大城市的工作机会，毅然回到家乡，在脱贫攻坚第一线倾情投入、奉献自我，用美好青春诠释了共产党人的初心使命，谱写了新时代的青春之歌。广大党员干部和青年同志要以黄文秀同志为榜样，不忘初心、牢记使命，勇于担当、甘于奉献，在新时代的长征路上做出新的更大贡献。

黄文秀同志生前是广西壮族自治区百色市委宣传部干部。2016年她从北京师范大学研究生毕业后，回到家乡百色工作。2018年3月，黄文秀同志积极响应组织号召，到乐业县百坭村担任驻村第一书记，埋头苦干，带领88户418名贫困群众脱贫，全村贫困发生率下降20%以上。2019年6月17日凌晨，她在从百色返回乐业途中遭遇山洪不幸遇难，献出了年仅30岁的宝贵生命。

（《人民日报》2019年07月02日）

# 中共中央关于追授黄文秀同志“全国优秀共产党员”称号的决定

（2019 年 10 月 10 日）

2019 年 6 月 26 日，习近平总书记对广西壮族自治区百色市委宣传部干部、驻村第一书记黄文秀同志的先进事迹作出重要指示强调，黄文秀同志研究生毕业后，放弃大城市的工作机会，毅然回到家乡，在脱贫攻坚第一线倾情投入、奉献自我，用美好青春诠释了共产党人的初心使命，谱写了新时代的青春之歌。广大党员干部和青年同志要以黄文秀同志为榜样，不忘初心、牢记使命，勇于担当、甘于奉献，在新时代的长征路上作出新的更大贡献。

为深入学习贯彻习近平总书记重要指示精神，表彰先进、弘扬正气，激励和引导广大党员干部和青年同志不忘初心、牢记使命，以蓬勃的朝气和昂扬的锐气奋斗新时代、展现新作为，党中央决定，追授黄文秀同志“全国优秀共产党员”称号。

黄文秀，女，壮族，广西田阳人，中共党员，1989 年 4 月出生，生前系广西壮族自治区百色市委宣传部理论科副科长、百色市乐业县新化镇百坭村党支部第一书记。2016 年 7 月北京师范大学法学硕士毕业，同年同月成为广西定向选调生，被分配到百色市委宣传部工作。2017 年 9 月至 2018 年 3 月，挂任百色市田阳县那满镇党委副书记；2018 年 3 月起担任百色市乐业县新化镇百坭村党支部第一书记。2019 年 6 月 16 日，黄文秀同志利用周末回田阳县看望病重手术不久的父亲后，因暴雨心系所驻村群众的生命财产安全，连夜开车返回工作岗位，途中遭遇山洪暴发不幸遇难，年仅 30 岁。

黄文秀同志是在习近平新时代中国特色社会主义思想教育指引下成长起来的优秀青年代表，是“不忘初心、牢记使命”的先进典型，是在脱贫攻坚一线挥洒血汗、忘我奉献的基层党员干部的缩影。她求学时积极上进，认真学习习近平总书记系列重要讲话和党的基本理论，到贫困村任职第一书记后自觉用习近平新时代中国特色社会主义思想指导实践，向驻村群众宣讲习近平总书记关于农村工作和乡村振兴的重要论述，推动党的创新理论在边远山区落地生根。她始终把党的事业放在心中最高位置，毕业时放弃大城市工作机会，毅然回到家乡革命老区百色工作，并报名到条件艰苦的边远贫困山区担任驻村第一书记，在脱贫攻坚一线倾情投入、默默奉献，奋斗至生命最后一刻。她把扶贫之路作为“心中的新长征”，全身心扑在工作上，遍访建档立卡贫困户，手绘“民情地图”，往来奔波于崎岖的山路，跑项目、找资金、请专家，组织贫困户成立互助组，建立电商服务站解决农产品滞销问题，有力促进了农民增收、带动了全村整体脱贫。她对群众满怀深情、真诚质朴，虚心向老村支书请教群众工作方法，关爱孤寡老人和留守儿童，发挥自身法学专业优势，积极为村民化解矛盾，赢得了群众普遍信任。她性格坚毅、自强自立、克己奉公，尽管父母长期患病，家境困难，却从未向组织提过任何要求，始终保持乐观向上的态度，尊敬孝顺父母，热心帮助他人，用人格力量感染和温暖身边每一个人。黄文秀同志把青春和热血都献给了脱贫攻坚事业，以实际行动诠释了共产党人的初心和使命，用短暂而精彩的人生谱写了一曲新时代共产党员的奉献之歌。

党中央号召，广大党员干部和青年同志都要向黄文秀同志学习。要像黄文秀同志那样对党忠诚、牢记使命，做习近平新时代中国特色社会主义思想的坚定信仰者和忠实实践者，自觉把人生追求与党的事业紧密联系在一起，与时代同步伐、与人民共命运，积极投身到党和人民最需要的地方和工作中去。要像黄文秀同志那样心系群众、担当实干，勇于到条件艰苦的基层一线挥洒汗水、无私奉献，真心实意为人民群众干实事、谋福祉。要像黄文秀同志那样脚踏实地、昂扬向上，深怀饮水思源的感恩之心，砥砺攻坚克难的进取之志，勇立潮头，奋力拼搏，用激情和汗水书写亮丽青春、创造辉煌业绩。

各级党组织要把学习黄文秀同志先进事迹纳入“不忘初心、牢记使命”主题教育重要内容，与深入学习贯彻习近平新时代中国特色社会主义思想和党的十九大精神结合起来，采取多种形式广泛开展学习宣传。要引导广大党员干部和青年同志以习近平新时代中国特色社会主义思想为指导，以先进人物为榜样，主动担负起党和人民赋予的历史重任，勇做走在时代前列的奋斗者、开拓者、奉献者，在新时代的长征路上谱写新的华章、作出新的更大贡献。

# 目录

CONTENTS

百坭村脱贫攻坚情况 / 001

日记 / 007

扶贫一周年感想 / 121

后记 / 129

黄文秀精彩语句 / 134

# 百垅村脱贫攻坚情况

本文根据黄文秀的扶贫工作汇报整理。

驻村期间，黄文秀带领百坭村88户共418人脱贫，使全村贫困发生率下降到了2.71%，并完善了道路硬化、蓄水池、路灯亮化等基础设施，实现村集体经济收入6.38万元。百坭村被中共百色市委员会、百色市人民政府授予2018年度“乡风文明红旗村”荣誉称号。

## 一、百坭村基本情况

百坭村共有472户2068人，11个自然屯13个村民小组，设有1个党支部3个党小组，共有党员38人。全村建档立卡贫困户195户883人，2018年仍有103户491人未脱贫。2018年预脱贫88户418人，其中因学致贫26户、因病致贫16户、因残致贫4户、因缺技术致贫24户、因缺劳动力致贫13户、因自身发展动力不足致贫5户。

百坭村村貌图

## 二、开展工作的情况

自驻村以来，驻村工作队坚持"核心是精准、关键在落实、确保可持续"的要求，坚决贯彻落实全市、全县、全镇的脱贫攻坚工作部署，对2018年预脱贫户进行了户户研判工作，同时进一步拓展了研判的深度和广度，并对2014年、2015年退出户及2017年脱贫户进行了研判，结合“八有一超”贫困户脱贫摘帽标准做以下简要汇报。

第一，住房保障方面：贫困户住房保障达标率为99%，2019年的预脱贫户有2户申请了“百色深圳小镇”易地扶贫搬迁，目前还没有抽房，对接后将会通知他们抽房；有2户进行了危房改造，已完成一楼的门窗安装。2017年完成改厕80户、改厨30户，新申请改厕、改厨的贫困户，处于第三方待建状态。

第二，医疗保障方面：百坭村贫困户参加城乡居民基本医疗保险率为100%，其中有9户因病致贫，经向帮扶干部了解并入户走访，产生的治疗费用均已享受到应有的报销比例。

第三，教育扶贫方面：无义务教育阶段辍学儿童，同时义务教育阶段儿童均能享受到应得的寄宿补贴和营养餐补贴。6 ~ 16周岁在读人口为272人，其中有112人为贫困人口。全村已有42户办理了“雨露计划”。

第四，公共设施建设情况：全村只有1个垃圾焚烧炉，但已年久失修不能正常使用；未有专职保洁员，但有8个屯的环境卫生管理是由生态护林员兼任的；有2个屯完成了太阳能路灯安装，全村仍有5个屯未实现道路硬化，村内那赖林门至那内的1.5公里的道路硬化项目已完成；百步、百果、长沙、那赖4个屯的蓄水池已完成建设。

第五，产业发展方面：百坭村“3 + 1”特色产业为油茶种植、猕猴桃+杉木种植、养猪，收到报名参加红心猕猴桃种植的贫困户有151户707人。关于特色产业，值得一提的是，从2013年开始，党委和政府大力引导群众种植砂糖橘，但因群众管护技术不到位，一直未能形成产业发展实现增产增收，现采取了“合作社+贫困户”“党支部+贫困户”“致富带头人+贫困户”模式，又引进了百色宝农生物科技有限公司，采用“企业+合作社+基地+贫困户”的模式，定期指导种植技术，同时销路有了保障。全村共有1000亩砂糖橘，2018年预计产量达150万斤以上。目前砂糖橘产业覆盖60.30%的贫困户，为120户565人，覆盖53%的非贫困户，为139户655人。村内培养了砂糖橘致富带头人，同时还有种植油茶、烟叶、茶叶、杉木及养猪的致富带头人，其中有3位是党员干部。百坭村坚持党旗引领脱贫，先锋带动攻坚。

第六，劳务就业方面：目前88户预脱贫户中有37户70人在外务工，结合两次对预脱贫户的研判，同时对脱贫户开展返贫预警干预机制工作，发现有1户预脱贫户属于收入边缘户，已针对实际情况进一步制定了帮扶计划。针对2014年、2015年、2017年已脱贫户的研判，目前未收到帮扶联系人的返贫风险预警报告，今后驻村工作队将与挂村工作组、村两委干部继续排查和动员，确保贫困户有稳定的收入。

第七，村集体经济方面：2018年百坭村集体经济收入6.38万元，其中，盘活闲置资产出租收入3万元，出租门面收入1.6万元，与农投公司合作经营的38亩甜竹收入1.13万元，村级劳务收入0.65万元。

三、下一步工作计划

百坭村计划在 2019 年实现整村脱贫，今后一切工作都会围绕这一目标开展，将认真对照“十一有一低于”十二项指标逐步完善，结合乡村振兴不断壮大村集体经济发展，结合乡风文明红旗村建设，依托新时代讲习所的宣传阵地，坚持扶贫与扶志、扶智相结合，打通群众家门口“最后一公里”，将党的好政策切实落实到群众身上。

# 日记

是什么力量支撑着黄文秀扛起了这份扶贫重任？是那份对父母、对家庭、对社会、对人民无法推却的责任。她只是个女孩子，个头不高，肩膀不宽厚，可她却担负起了沉甸甸的道义和担当，赢得了父老乡亲的尊敬。

不忘初心，心存感恩，在这条用青春浇筑的扶贫路上，黄文秀绽放了自己的永世芳华。

2018 年 4 月 2 日 星期一

这是我担任第一书记的第一周，内心十分激动，也倍感鼓励，之前与担任过第一书记的同志交流，他们都说压力非常大。我能不能坚持下来，我心中也十分疑惑，但既然选择了，唯有坚持。在脑海中形成了一个初步的思路，首先要对全镇基本情况尤其是百坭村有一个全面的认识。

【短评】

百色是全国脱贫攻坚主战场之一，是革命老区、少数民族地区、边境地区、大石山区、贫困地区、水库移民区。乐业县百坭村是自治区级深度贫困村，全村共有 472 户 2068 人，2017 年底贫困发生率达 22.88%。黄文秀硕士研究生毕业后，本可以选择到条件很好的国家电网公司工作，但她却做出了令人意外的决定，回到百色支援家乡建设。当初，这个戴着眼镜、一脸斯文的女孩子被派驻百坭村时，乡亲们都有些不以为然：研究生驻村嘛，镀镀金、走走过场而已，一个文文弱弱的女孩子，能搞出什么名堂来？！

虽然碰了很多钉子，但是黄文秀没有被困难打倒。驻村之后，她在百坭村村委办公楼里安顿下来，白天在这工作，晚上在这休息。她的办公电脑屏幕是一张洪水淹没玉米地的照片；她的走访记录本里，详细记录着每一个贫困户的信息和帮扶建议；她简易寝室的床下，摆放着几双运动鞋，方便她走遍村里的各个角落；她的驻村日记中，详细记录了扶贫路上的见闻、收获和感触……

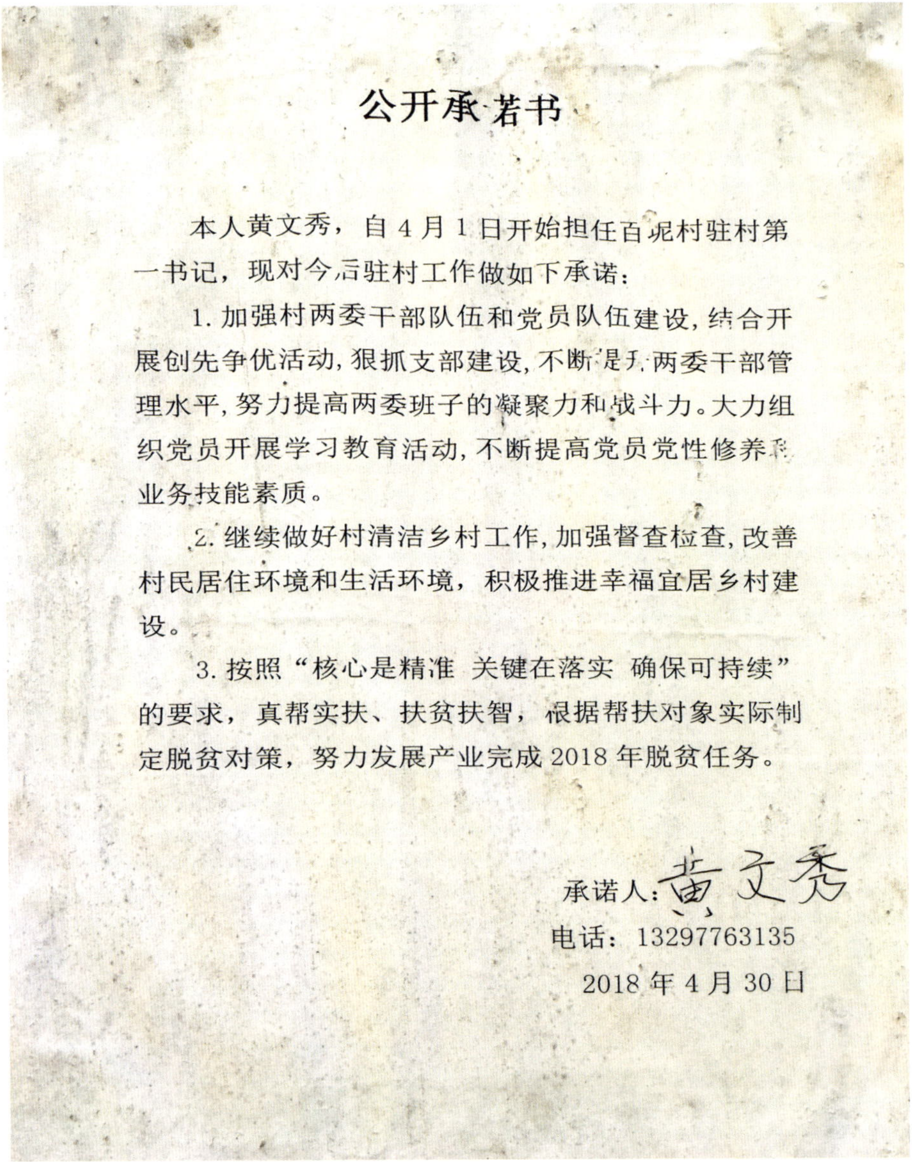

# 公开承诺书

本人黄文秀，自4月1日开始担任百泥村驻村第一书记，现对今后驻村工作做如下承诺：

1. 加强村两委干部队伍和党员队伍建设，结合开展创先争优活动，狠抓支部建设，不断提升两委干部管理水平，努力提高两委班子的凝聚力和战斗力。大力组织党员开展学习教育活动，不断提高党员党性修养和业务技能素质。

2. 继续做好村清洁乡村工作，加强督查检查，改善村民居住环境和生活环境，积极推进幸福宜居乡村建设。

3. 按照“核心是精准 关键在落实 确保可持续”的要求，真帮实扶、扶贫扶智，根据帮扶对象实际制定脱贫对策，努力发展产业完成2018年脱贫任务。

承诺人：黄文秀

电话：13297763135

2018年4月30日

黄文秀的公开承诺书

2018 年 4 月 3 日 星期二

上午 8：00 县文化中心 百色市 2018 年脱贫攻坚推进大会暨新选派驻村工作动员会

通过参加本次动员大会，我对 2017 年脱贫攻坚工作与 2018 年的工作有了初步认识。

下午参加镇一级的驻村工作动员会。

**【回忆】**

**乐业县扶贫办主任王世岳：**文秀给我的印象就是积极。刚来的时候，她对政策不熟悉，不知道怎么打开局面，她找到我，说："主任，我刚毕业，也没做过这方面的工作，不知道怎样做、怎样制订脱贫计划，更没有什么先进经验。"我告诉她，第一要去调研，做好分类，因人因户实测，比如有劳动力的要怎样做，没有劳动力的，需要怎样走民政兜底政策。我进村几次，发现她都是跟群众在一起，有一次遇到她在帮群众捡油茶果，有一次碰到她跟老百姓一起扫地，还有一次看到她在看望住院回来的老百姓。我很喜欢她，她是老百姓的贴心人，也是我们脱贫攻坚战的战斗员。

2018 年 4 月 4 日 星期三

今天上午与挂村领导见面，下午到村里与村两委班子成员见面座谈。

我对百坭村的初步印象如下。

（1）外在：①环境卫生有待提高，村部脏乱差也较为严重。

②宣传：未见关于社会主义核心价值观的宣传海报。

③村部办公室条件简陋，设备陈旧，缺电子会议屏。

（2）内在：乡风文明有待加强，垃圾分类、自行焚烧可推广。

下午与后援单位联系人召开座谈会，强调今后工作对接的事宜。

**【回忆】**

**乐业县委常委、组织部部长陈世邦：**刚开始，文秀入户的时候群众不给她开门。她就在群众打扫大院时帮忙打扫，有时候群众去田里干农活，她就在旁边帮忙干农活，久而久之，群众慢慢接纳了她。因为大家看得出，她来这个村是真正为了这个村的发展，带领大家脱贫致富的，感觉她就是村里面的一分子。为了尽快了解贫困户的情况，她一户一户地走访，总共 195 户。虽然很困难，但是她都坚持了下来，老百姓身边的事她都会去帮忙。

黄文秀带领村民清理村里的垃圾

2018 年 4 月 5 日 星期四

上午与张桥勤同志下村，到百爱屯、百布屯，走访了黄福达、梁之英、黄志国家。

黄也亮打电话向我反映低保情况，要求入户。

这星期县级开始抽查一户一卡一册。

入户的同时我也做了相应的检查。

【短评】

百坭村妇联主任韦玉行与黄文秀以姐妹相称，经常一起做扶贫工作。“村民劳作早出晚归，文秀起得更早，赶在村民出门前就入户做工作，晚上又在家门口等着他们回来，通常我们工作结束时都十点十一点了。”韦玉行感动地说，尤其夜访回来，文秀总是先把她安全送到家，然后才放心地返回村委。

“人不是铁打的，总有病和累的时候，文秀也是，这时我就劝她多休息，工作先放一放。”韦玉行回忆，“可是文秀说，阿姐啊，不能停，我这一停下来工作就落后了。”

斯人已逝，青山含悲。现在，韦玉行哪怕只是走近黄文秀曾经住过的房间，悲伤就会袭来，“她的东西总是叠放得整整齐齐。”黄文秀组织村里妇女跳舞、教孩子们捣鼓竹器唱歌的一幕幕又浮现在眼前。

黄文秀曾专门购买了一个不粘锅，给村里的孩子们制作奶茶。而她跟着村民学习酿制的两大桶米酒，还静静地放置在角落里，继续酝酿着芬芳。“这是文秀提前酿好的米酒，就等着全村脱贫的那一天，庆祝分享。”韦玉行哽咽着说。

黄文秀给村里的孩子们制作奶茶

2018 年 4 月 6 日　星期五

今天上午接到通知，要求上报2018年百坭村预脱贫户的调研报告，到镇攻坚办要相关数据材料。

说实在刚驻村没几天，就开始要形成这样的材料，压力有一些大。

但尽力去做吧，别人可以我也可以。

【回忆】

**乐业县新化镇党委书记黄保锦：**黄文秀是我们镇唯一的女性第一书记，平时生活比较简朴，在工作上总保持着乐观的心态。给我印象最深的，就是她对百坭村的教育十分上心。每次她走访贫困户，见到家里有孩子的，她都会跟他们聊一会儿，问学习情况，问是否有想要羽毛球拍、篮球等小心愿。她把孩子们的心愿统计好，然后通过各种途径去筹集，等到假期，她就组织孩子们搞活动，满足孩子们的心愿。2019 年以来，她已收集到了 15 个小心愿，球拍、篮球等文体用品都已经运到村里了，就等暑假搞活动的时候发放。现在看到这些文体用品，我们都感到十分伤心。

在村里，除了工作，她能帮就帮。一个叫韦乃情的帮扶对象生病了，需要到县里“一站式”结算平台报销医疗费，文秀了解情况后，去找韦乃情拿了票据，趁着到县里办事，带到县里去帮他办理。

她经常去走访慰问村里的老人，大家都喜欢她。一户贫困户家有一位 90 多岁的老人，说起文秀，老人十分激动，不愿意接受文秀已离去的事实。

黄文秀到村民家中走访

2018 年 4 月 8 日 星期天

上午入户了解情况，到的地方是者乐屯。

蒙隆球、韦乃情两户 2018 年如无意外情况，脱贫没问题。

晚上 7：30 在镇里参加工作部署会，黄保锦书记向我们传达了县一级脱贫攻坚工作计划和目前镇一级的工作安排，并向我们强调要转化角色，将自己的青春奉献给脱贫攻坚事业。

**【短评】**

在 53 岁的帮扶对象韦乃情的心里，黄文秀就像是自己的亲闺女。记者到来时，大雨导致山体滑坡没法进到屯里采访，韦乃情听说记者是为了解黄文秀的事迹而来，冒着危险走了 2 小时的山路，当晚 8 点多钟才赶到百坭村村委办公楼。他告诉记者，这么远这么难走的路，2018 年黄文秀共到他家走访了 12 次，帮他申请了 20 亩油茶树的小额贴息贷款，还帮他申请养老补贴、住院医疗费报销等。

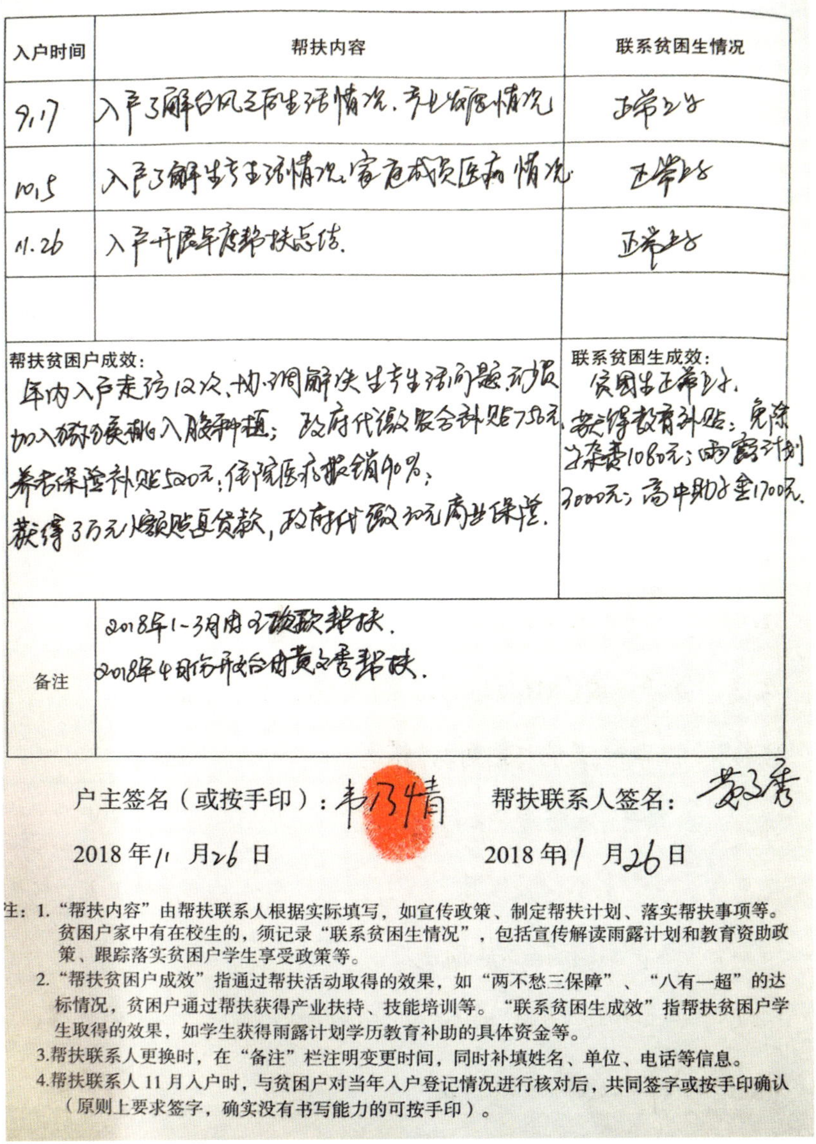

| 入户时间 | 帮扶内容 | 联系贫困生情况 |
| --- | --- | --- |
| 9.17 | 入户了解台风过后生活情况、产业发展情况 | 正常上学 |
| 10.5 | 入户了解学生生活情况、家庭成员医疗情况 | 正常上学 |
| 11.26 | 入户开展年度帮扶总结。 | 正常上学 |
| | | |

帮扶贫困户成效：
年内入户走访12次、协调解决学生生活问题，动员加入[illegible]入股种植；政府代缴农合补贴750元，养老保险补贴520元；住院医疗报销90%；获得3万元小额贴息贷款，政府代缴30元商业保险。

联系贫困生成效：
贫困生正常上学，获得教育补贴：免除学杂费1080元；雨露计划3000元；高中助学金1700元。

备注：
2018年1-3月由[illegible]帮扶。
2018年4月份开始由黄文秀帮扶。

户主签名（或按手印）：韦乃情　　帮扶联系人签名：黄文秀

2018 年11 月26 日　　2018 年1 月26 日

注：1.“帮扶内容”由帮扶联系人根据实际填写，如宣传政策、制定帮扶计划、落实帮扶事项等。贫困户家中有在校生的，须记录“联系贫困生情况”，包括宣传解读雨露计划和教育资助政策、跟踪落实贫困户学生享受政策等。
2.“帮扶贫困户成效”指通过帮扶活动取得的效果，如“两不愁三保障”、“八有一超”的达标情况，贫困户通过帮扶获得产业扶持、技能培训等。“联系贫困生成效”指帮扶贫困户学生取得的效果，如学生获得雨露计划学历教育补助的具体资金等。
3.帮扶联系人更换时，在“备注”栏注明变更时间，同时补填姓名、单位、电话等信息。
4.帮扶联系人11月入户时，与贫困户对当年入户登记情况进行核对后，共同签字或按手印确认（原则上要求签字，确实没有书写能力的可按手印）。

韦乃情的《广西脱贫攻坚精准帮扶手册》内页

2018 年 4 月 9 日 星期一

接到通知，县委方书记将到各乡镇听取各村汇报 2018 年脱贫户覆盖情况的研判会。

4 月 12 日将召开县级研判会，要求各村第一书记形成相关调研报告。

接到通知后，我立即向挂村领导汇报，了解情况，并通知 2018 年预脱贫户专题研判会的帮扶干部提供相关数据。

下午到村里找村两委班子，大致了解了全村产业的总体情况。

黄文秀带领村两委干部进行考察

2018 年 4 月 15 日 星期天

参加乐业县新化镇 2018 年预脱贫户专题研判会。

参会人员：方志高、黎明彰、黄茂兵、马天祥。

先是那伟村汇报，然后是伶弄村汇报。

晚上 8 点轮到我们百坭村汇报。

通过这个研判会发现了几户边缘户，这将是我们今后工作的重点。

黄文秀组织村民共商发展之策

2018 年 4 月 25 日 星期三

全市举办2018年度贫困村党组织第一书记暨“美丽广西”乡村建设（扶贫）工作分队长专题培训班。

会议持续了3天，从扶贫中第一书记工作的党建及扶贫工作中的就业、产业发展、易地搬迁、村集体经济等几大方面进行培训。

收获很多。

**【心声】**

“百色作为脱贫攻坚的一个主战场，将百色革命先烈们奋勇前进、不断拼搏的精神传承下去，作为青年一代我们责无旁贷，同时作为驻村第一书记，我有信心在党中央的正确领导之下不获全胜，决不收兵。”黄文秀生前在地方电视台录制的一档节目里说。

2018 年 5 月 3 日 星期四

上午入户了解者乐屯龙永春的情况。

下午在村里召开百坭村低保动态调整评议会及百爱屯、百果屯关于申请调整生态护林员的会议。

**【短评】**

对于文秀书记，村两委干部都说不得不服。她把扶贫工作微信群取名为“百坭村乡村振兴地表超强战队”，驻村不久，这位斗志昂扬的姑娘就走遍了全村 195 户贫困户。一条被塌方砂石填满的二级公路，连接着黄文秀帮扶联系的者乐屯的 3 户贫困户，他们 1 户在北，2 户在南，相距近 20 公里，在同一方向的 2 户中间还隔着一条河。即使在天气好的情况下，走访这 3 户都要花大半天时间，但黄文秀每个月都要走七八次。

2018 年 5 月 4 日 星期五

“雨露计划”还有一些未能及时办理提交手续的应及时办理，这是扶贫政策中非常重要的内容。

【回忆】

**乐业县人大常委会副主任黎明彰：**作为包村领导，每次去百坭村，我都会去村部了解一下。搞扶贫工作，男人都觉得吃力，文秀一个女孩子，真为她捏一把汗，但她总是面带微笑。在我的印象当中，文秀阳光活泼、平易近人，年长一点的村民叫她姑娘，年轻一点的村民叫她文秀书记，她能够跟老百姓打成一片。或许是她从北京师范大学毕业的原因，她十分关心这里孩子的学习和安全。百坭村的孩子们要到谐里小学上学，有时候她跑到谐里小学跟校长了解孩子们的学习情况，让校长多强调安全问题。记得有一次，她开车路过谐里小学，孩子们正放学过马路，她把车停下来，叫孩子们手拉手通过。她还利用校友资源，请师弟师妹到百坭村开展暑假实践活动，跟孩子们做游戏、搞活动，让孩子们接受新知识。

2018 年 5 月 7 日 星期一

上午到村部开展大扫除活动。

村部是一个村级中心，必须做好此项工作。

下午与村两委走访改厨改厕申请户。

黄文秀在村民家中走访

2018 年 5 月 18 日 星期五

上午9：00在县里参加乐业县2018年“党旗领航·电商扶贫”电子商务培训班。

下午让村支书上报我村各特色产品的盛产时间。

我觉得我们百坭村的油菜、茶叶可以尝试走电商之路。

**【回忆】**

**黄文秀的同学：**毕业后文秀选择回百色工作，我们后来都是通过微信朋友圈了解她的工作和生活。她加了我们班大部分同学的微信，她很喜欢分享在那里的心情和生活。说实话，平时看微信朋友圈都是刷一下就过去了，但是在她这里我经常会停留，因为我也是来自农村，会关注她是怎样开展工作的。有时候我会问她，我们北京师范大学的研究生，学的是思想政治教育的理论，然后突然去到一个村里，感觉一下子就从云端掉到了泥土里，她是怎么跟村民融为一体的？她会分享一些东西，我们特别关注。她经常分享当地的百香果、柑橘，希望我们关注当地的产业，也为当地产业作一些贡献。因为她准备发展电商，就经常分享她在当地怎么采茶、种柑橘，其实这些都不是她应该干的农活，这都是为了融入当地群众，更好地开展工作。这让我们对她有了更多的了解，毕竟在学校的了解是有限的，当她走上了工作岗位，她的各方面才展现得更加立体。原来文秀是这样一个朴实、坚定的人，她遇到过那么多挫折，遇到过别人的怀疑，但都化解了，她很坚定。

黄文秀指导村民种植砂糖橘

2018 年 5 月 23 日 星期三

近日，迎接了市里的党建工作和县里的扶贫督察。

目前在党建上，百坭村仍需要形成规范制度的还有很多。

县里的扶贫督察组走访了 10 户预脱贫户，发现了工作中存在的一些问题，还需要在细节上多加注意。

下午回镇里与组委交流，进行相关整改事宜。

黄文秀入户与村民交流

2018 年 5 月 25 日 星期五

上午参加全区脱贫攻坚先进事迹情景报告会。

会议最后观看《广西三起县级扶贫办主任严重违纪案件警示录》。

感想：不作为追责、乱作为追责，非法占用扶贫资金要严肃处理。

**【短评】**

2018 年 5 月 25 日上午，广西脱贫攻坚先进事迹主题情景报告会在南宁举行。会上，从全区脱贫攻坚中涌现出来的先进个人和先进集体代表，从不同侧面、多个角度讲述他们的脱贫故事，激励全区干部群众万众一心，锐意进取，坚决打赢脱贫攻坚战。广西每年有 5000 多名第一书记扎根贫困村屯、服务贫困群众、积极作为、甘于奉献，出色完成了各项脱贫攻坚任务，他们被群众誉为“党派来的好干部”“群众脱贫致富的好帮手”。通过观看报告会，黄文秀更加坚定了“不获全胜，决不收兵”的脱贫攻坚决心。

2018 年 5 月 28 日　星期一

根据文件要求，需要驻村工作队全部驻村。上午到村部收拾，下午到韦世归家中了解易地搬迁拆除旧房的相关情况。入户人员有支书、主任、副主任、扶贫专干。

发现该户有分户行为，已将此情况汇报分管的副镇长。

黄文秀入户走访

2018 年 5 月 29 日 星期二

到百果屯入户。

班龙衣，2018 年预脱贫户。致贫主要原因是因学，次要原因是因病。

产业：杉木 4 亩，板栗 5.8 亩，烟草 6 亩，茶叶 4.2 亩，还有 42.6 亩林地，但未种植任何作物。

收入：5 月种植收入 2.5 万元，其中茶叶收入 800 元。

2016 年已申请小额信贷。

根据“八有一超”的标准已达标。

黄文秀在村民家中走访

2018 年 5 月 30 日 星期三

上午村两委干部都到村部开展新农保工作，看到了对于第一书记工作落实推行新农保不力的通报，心里五味杂陈。

中午 1 点 30 分参加电子商务进农村的培训会，3 点参加镇工作分队 5 月份工作情况交流会。

## 我还不够勇敢

从 3 月 26 日到现在，一共 67 天（注：应为 66 天）。

我还是没有想到我成了一个深度贫困村的第一书记。

我是我们村脱贫攻坚工作的第一责任人，兼任贫困村驻村工作组组长，负责。

Mo Tu We Th Fr Sa Su

2018年5月30日

MEMO NO.

上午村两委干部都到村部开展这个新农保工作。看到了对于第一书记工作落实推行新农保工作不利的通报，五味陈杂。

中午1点三十分参加电子商务进农村的培训会。三点参加我镇工作分队5月份工作情况交流会。

(37.86亩)。

待办事宜

召开村民代表会议。

租给县里的龙头企业。

原件放村部。二份复印件交镇开党委会议

我还不够勇敢。

从3月26日到现在，一共67天。这些

我还是没有变成了一个深度贫困村的第一书记。

我是我们村脱贫攻坚工作的第一责任人，兼任贫困村驻村工作组组长，应当

2018 年 5 月 31 日 星期四

上午10点在县服务中心五楼参加乐业县对深度贫困村开展专项巡察动员会。

会议第一项议程，观看《广西三起县级扶贫办主任严重违纪案件警示录》，这是我第三次观看这个片子了。

针对深度贫困村的巡察是我市的一个创新，对此项巡察必须扎实做好入户调研，关于低保要做好入户了解和解释工作。

危房改造、改厨改厕、易地搬迁。

近期工作计划：

（1）党员大会，党课，（第二季度）制订村规民约，讨论入党积极分子。

（2）贫困户量级评定。

（3）百坭村专项巡察工作动员会。

（4）低保动态调整（部长回来以后开展）。

（5）确定生态护林员、保洁员。

（6）树立村干部形象。

（7）培训村两委干部党建知识。

重点督查：党建；惠农资金县乡两级落实到村的情况。

中共乐业县信访局支部与百坭村党支部开展结对联建活动

2018 年 6 月 5 日　星期二

近期工作安排：

（1）七一慰问名单上报（市级）。

（2）确定党员固定活动日、党员大会、党课（周末）时间。

（3）5 月考勤，6 月考勤。

（4）与校长对接志愿服务队建设。

（5）与支书找县发改委。

（6）给学校报方案。

（7）驻村工作队生活必需品添置。

（8）群众代表大会。

2018 年 6 月 6 日 星期三

上午在百布屯开展专项巡察动员会，和村干部以及工作队队员学习了文件精神，重新强调会议的内容，今后要加强党建、为民办事的能力。

与村干部制订近期工作内容，强调整个工作要共同完成。

我近日与学校对接，希望能争取他们来到百坭村，为我所想的志愿服务队助力。我个人觉得这将是一个亮点、一个创新。

我的总目标不是仅完成脱贫任务、完善基础设施，还希望百坭村的乡风文明、精神文明建设再上一层楼。

**【回忆】**

**百色市文化广电和旅游局派驻新化镇扶贫工作队分队长周洁：**刚来的时候，文秀就跟我交流谈心。

她说，她从学校出来，工作才两年，经验不足，现在到村里，算是“一把手”，心里有压力。我跟她说，到了村里，要谦虚多交流，向群众学习，他们把你当作自己人了，工作就好开展了。记忆中，到村的第二个星期她就把自己的车子开了过来，真正吃住在村里。怎样跟村干部们搭好班子配合好呢？她跟我交流了很多。在处理群众纠纷上，她一边观察一边做笔记，十分认真。大家看到她勤勤恳恳地学习，实实在在地工作，都很支持她、配合她。

每当跟群众的距离拉近一步，她都十分兴奋，自己写日记做记录，也打电话与我分享。有一天晚上，她走访帮扶对象后，打电话给我，说在这个帮扶对象家喝了一碗酒，当时下着雨，我叫她注意安全，她说支书答应去接她。回到村部之后，她拍了张照片发给我，全身湿漉漉的。我问她为什么那么晚才去走访。她说白天群众出门干活，晚上才能够找到他们。虽然像个落汤鸡，但是她从开始给我打电话到后来给我发图片，一直都很高兴，认为这个帮扶对象接纳了她。从这点可以看出来，她有一股劲头，很坚强，不服输。

虽然文秀跟我谈心交流很多，但是交流的都是产业发展、学习到什么先进经验之类的，她从来没有跟我提及家庭的困难，也没有埋怨工作的艰辛。

黄文秀雨夜走访村民途中

2018 年 6 月 7 日 星期四

乐业县2018年“一帮一联”“一户一册一卡”工作推进会。

10月国家第三方省际交叉检查：

（1）住房。要弄清楚和谁住，有多少面积，人均面积是多少。

（2）收入。要收集收入证明。

（3）帮扶措施。要详细，并结合贫困户实际。

（4）致贫原因。

要求所有帮扶干部进村入户开展自查自纠。

有学校帮扶的，请教育局做好安排。

晚上共同学习第五检查组的情况汇报，根据这个内容，我接下来的工作重点有：

（1）排查危房户、住房不达标户、无门窗户。

（2）排查产业发展不达标户。

（3）排查收入不稳定户。

（4）督查“一户一册一卡”，更改联系卡上驻村工作队队员信息。

（5）与驻村工作队队员进行片区分工。

（6）收集上学信息。

（7）扶贫小额信贷第二批申请。

（8）党员固定活动日，党员大会。

（9）排查无卫生间的贫困户。

黄文秀参加工作会议

2018 年 6 月 8 日 星期五

根据之前的工作安排，今天要主持召开村集体经济发展工作部署会，同时要召开党员大会和上党课。

目前发现我们百坭村党员的个人表现都很积极，可以发挥一定的先锋模范作用，但在向群众传达理论方针政策方面还较为薄弱，是今后重点改进的内容。

对于驻村工作队的管理，我也和挂村领导进行了沟通，进行了分工分片安排。

纪委将对深度贫困村进行巡察，希望我们百坭村经得起考验。

【回忆】

**黄文秀的研究生同学陈丽美：**我和文秀是一起报考的广西定向选调生，最开始是她带我去参加广西定向选调生的宣讲，在备考期间，甚至考试的当天她都打电话给我，督促我好好准备考试。她就是在这种细节当中潜移默化地影响我，使我走上定向选调生这条道路，所以对我来说她的作用是很大的，她对我的影响也是很大的。

我从事的是住房保障工作，所进入的领域是城乡住房建设，接触更多的是住房保障、农村危房改造、城市基础设施建设、乡村乡貌基础提升的工作。虽然没有涉及具体的业务，但是我的工作全都是围绕着这些内容来开展的，所以在工作中，我跟文秀也会有一定的交流。

我还记得跟她最后一次的聊天还是关于工作，那是在 2019 年 6 月 10 日，她给我发了几张图片，是关于广西乡村乡貌提升的指导手册的，并问我自治区方面有没有支持，对百坭村的基础设施建设是否有一定的帮助。我跟她说了一些相关的情况，并给了她一些建议。可以想象，她对百坭村的工作是非常上心、非常用心的，也希望通过自己的努力改变百坭村落后的状况。

黄文秀参加党员大会

2018 年 6 月 9 日 星期六

目前全村有 88 户预脱贫户，但我还未能全部入户。今天虽然是星期六，但是支书还非常支持和愿意帮助我。我们一起到那洋屯、那赖屯、百干屯的 8 户贫困户入户，这 3 个屯的道路尚未硬化，8 户贫困户入了兜底户，他们生活确实比较困难。

有贫困户采到了野生的灵芝，我拍照发到微信朋友圈，很多朋友感兴趣，我觉得这是一个很好的电商机会。

**【回忆】**

**雅长林场派驻新化镇乐翁村第一书记陈名持：**工作上，文秀是一个极其认真肯干的人。我们镇倡导养蜂等4个小产业，都是短平快的项目。2019 年 5 月 24 日，她跟我说，她想引进养蜂产业，让群众多一份收入。6 月初，我跟她说，我们养的蜂可以采蜜了，感兴趣的可以过来看看。她说她不光要看，还要亲自体验抓蜜蜂。到了养蜂场，看到乌压压的一片，一开始她不敢动手，后来还是鼓起了勇气带上护罩去抓蜜蜂、找蜂王。她看似柔弱，但还是勇敢地去实践，看到一只蜂王，还说陈书记你帮我拍一张照，当时我就觉得这个女孩很坚强。

她说，她爸爸曾经养过蜂，但由于没有技术，所以没有成功，现在她来学技术，计划自己购买几箱蜂来实践，成功了就教爸爸养，给老人家消遣。同时还要带动村里人养，发展成一个产业，增加村民收入，给村集体带来收入。

2018 年 6 月 10 日 星期天

星期天在村部和专干上报增减人员名单。

这个周末不能回家，哥哥打来电话说家里一切都好，让我放心。这就是所谓的成长吧。

区里下达了一份选调生培训通知，我一定要争取这个培训的机会。

村里有部分贫困户不想脱贫，明明符合条件却不想脱贫，隐瞒收入。我有时真的很无奈，对于此类情况，能不能纳入失信名单之类的，这些真的很难做。

**【回忆】**

**黄文秀的嫂子韦秋色：**2005 年，我就已经认识文秀了，但是还没嫁过来，2008 年才嫁到他们家。我刚来的时候她还是个高中生，很活泼开朗，很爱笑，一直都对我很好，很关心我。这些年，我身体也不太好，时常不舒服或生病，她总是很关心我，经常问我身体怎么样，在外面读书的时候还常打电话回来，让我注意身体。她在山西读书的时候，放假都是去打暑假工，发了工资会买衣服给我们寄回来，把我儿子当作自己的小孩看待，我儿子生日或者儿童节都会买礼物、买玩具给他。放假回家时她很勤快，爱干净、爱搞卫生，有时候看到家里比较乱，都会跟我一起把卫生搞好。2019 年妇女节，她回家的时候，给我和妈妈一人买了一个手镯，她还说："大嫂，我送你个手镯，现在我还没有能力给你买很好的，等我以后有能力了我就给你买金手镯。"给妈妈的手镯还刻上了"女儿爱你"，给我的则是刻上了我的名字。她很顾家，爸爸生病了她请假回来和我一起照顾爸爸，跟医生沟通的都是她，我就只负责照顾爸爸，帮爸爸洗洗衣服、送个饭之类的。

2018 年 6 月 11 日 星期一

根据工作安排，部里同事来新化看望我，我非常开心。

同事一见面就说我胖了。对比以前的生活，运动确实少了，我要非常注意自己的身体健康才行。

下午和支书培训村干部关于党建的知识，非常不容易。各项工作都得抓，但工作队队员又十分不得力，我要非常有耐心才行。

回去的路上遇到谐里小学校长，和校长进行了一个简单的交流，希望能建立百坭村志愿服务队，队名暂定为百坭村乡村振兴青年志愿服务队。

**【短评】**

作为驻村第一书记，黄文秀特别注重在脱贫攻坚中发挥党支部的战斗堡垒作用，她从走访中了解到，群众原来不太配合村里工作，一个重要原因就是村两委干部为群众办事不够主动，有时群众办事找不到人，意见比较大。黄文秀从抓实抓严村干部的坐班值班制度开始，白天落实专人负责在村里接待群众，晚上与村干部一起开展遍访贫困户工作，征求意见、宣传政策，群众满意度大幅提升。

黄文秀走访了百坭村 38 名党员，征求党员对全村发展的建议，并将他们划分为 3 个党小组开展各类活动。同时，她还积极将“三会一课”等组织生活融入扶贫工作中，扎实推进抓党建促脱贫工作。

黄文秀组织百坭村的党员开展活动

2018 年 6 月 14 日 星期四

上午接到通知，9：30县委方书记要到各村督查清洁乡村工作。上午到村里布置各屯的保洁工作。

11点到谐里小学，与校长动员百坭村学生报名参加志愿者培训，学生报名人数较多，我需要筛选真心热爱参与这项工作的。

下午3：30，在小会议室向镇长汇报新农合、新农保的收缴情况，以及全村的控辍保学情况。

**【回忆】**

在百坭村妇女主任韦玉行的印象中，自从黄文秀来到村里后，村里每个角落都变得干干净净。她带头捡垃圾，在她的带领下村民们都自觉养成了爱护环境的好习惯。也曾有人认为她一个年轻女娃到贫困山区当第一书记，就是走个过场，但黄文秀用过硬的工作作风改变了村民的这种看法。

2018 年 6 月 19 日 星期二

端午假期，星期六上午有将近 30 个学生报名清洁乡村志愿者。

星期天又接到督察组将到我市督查环境的通知。村民的生活习惯必须引导及控制。

本来打算星期天晚上召开小组会议，但我发现只有我一个人非常热心。必须要发动其他 2 名工作队队员一起做这份工作。

和其他第一书记交流，发现他们很有威严和执行力，我工作经验还是太少。

今天上午支书与我商量厨房的事情，非要我到现场看，我觉得以后我不能管得如此细致。下午参加 2018 年新化战区脱贫攻坚工作推进会，陈世邦部长又一次强调了驻村的工作纪律。

本周工作第一天，我要强调好驻村工作队队员的工作纪律，要做好以下事情：

（1）强调请假事宜。

（2）明确工作考勤事宜。

（3）明确工作分工事宜。

待办事宜：

（1）清洁卫生垃圾自行焚烧工作小组会。

（2）制作清洁乡村宣传牌（禁止乱倒垃圾、垃圾分类宣传标语）。

（3）加紧安装伙房。

（4）走访预脱贫户。

（5）让村干部养成汇报工作的习惯。

（6）召开党小组会议。

（7）到九利村向陈日香书记学习。

（8）驻村工作。

（9）上墙制度，分工方案。

2018 年 6 月 25 日 星期一

乐业近日进入雨季，周六通往乐业县的道路凌云段的下伞段发生了塌方，情况非常危急。我得到消息后，马上联系村支书，让其时刻关注百坭村的情况。这个周末过得十分紧张。星期天晚上和自治区的第一书记拼车回乐业，星期一上午从那伟屯绕路回去，才成功于下午 2 点回到百坭村。

【回忆】

**新化镇干部蒙文岩：**对文秀印象最深刻的，是她比较简朴，穿着都是运动型的，时刻准备投入工作状态。有一次去走访，返程遇到山体滑坡，车辆无法通行，她跟着队员一起爬坡，走了两小时才到村委，文秀没有任何怨言。文秀刚来工作的时候，说的是普通话，半年多后她就能够用“土话”跟村民交流，大家更愿意跟她谈家事，都喜欢她。

2018 年 6 月 26 日 星期二

今天上午在村部和支书商讨新农合材料，下午又赶去乐业参加扶贫成效考核反馈问题整改落实工作推进会，开完会又赶回镇里，接受乡镇同一个问题的传达。

（1）危房改造存在的问题。

（2）新农合，贫困户参保率一定要达到 100%。

（3）控辍保学，16 周岁以上不算。

（4）新农保 6 月底必须完成。

（5）改厨改厕。

（6）一户一册一卡。

（7）防汛减灾工作。

（8）劳务公司营业执照。

**【短评】**

黄文秀在任期间，2018 年百坭村顺利脱贫 88 户，村集体经济项目收入翻倍。

回顾 2018 年 3 月刚上任时的情景，黄文秀在一篇文章中写道：“百坭村全村一共有 195 户建档立卡贫困户，分散居住在几个不同的山头，对于我这个不熟悉地形的‘新手’来说，要在最短时间内掌握全村贫困户的详细情况，是非常困难的。但我没有失去信心，想起了那句话——‘让扶过贫的人像战争年代打过仗的人那样自豪’，长征中，战士死都不怕，在扶贫路上，这点困难怎么能限制我前行？”

黄文秀走访村民的途中

2018 年 7 月 2 日 星期一

今天市委组织部的杨副部长到新化督查驻村情况，要求非常严格。

未完成的工作真的特别多，必须全部动起来。

根据下队经验，每次下队应准备印油、油性笔、可擦笔、透明胶、签名表。

**【回忆】**

**乐业县龙门村第一书记严彬航：**刚认识的时候，文秀给我的印象是人如其名，文文静静，秀外慧中，很有气质，是个爱美、爱笑的小姑娘，就像我的小妹妹。后来一起去做第一书记，她变得谦虚、坚强，而且非常负责任。有一天，她找到我，说有一名群众质问她，她没来之前他符合政策，为什么她来了就不符合政策，说完就哭了。我安慰了她几句，她又说："小严哥，我再回去做工作，我相信一定能成功。"果不其然，没过多久，她就在微信里和我说，上次那个事情解决了，附加了一个"耶"的表情。没过几个月，我看到了她的文章《扶贫，从"新手"到"熟路"》，她一个从事扶贫工作没多久的姑娘对扶贫有那么深的领悟和思考，让我对她刮目相看。

我对她真正的认识，是她去了百坭村以后。我们同在乐业，但在两个不同的方向，虽然一直答应要去百坭村走走看看，但是一直没有实现。文秀不幸遇难后，我去了一趟百坭村，比我想象中的远，比我想象中的艰苦。我还到她的宿舍看了，看到床下放着四双鞋子——两双运动鞋、两双水鞋，办公桌上放着《西行漫记》，里面有关于长征的故事。我就想到了她在很多场合都会说的一句话：扶贫就像一条长征路，无论这条路多么艰难，我都要坚定地走下去。我对文秀的看法彻底发生了改变，我认为她已经从一个小姑娘变成了一个真正的女战士。

黄文秀生前的宿舍

2018 年 7 月 4 日 星期三

上午在县里参加乐业县开展的“乡村振兴 争创五旗”活动动员会暨2018年基层党建工作推进会。参照“乡风文明红旗村”的标准，我认为百坭村可以从这个开始。

参加了乐业县2018年“两后生”招生工作会，咨询了广西交通职业技术学院的领导和教师，主要招生专业为汽车维修、公路养护、机械运用、保育、西式面点师。

**【短评】**

黄文秀对教育非常重视。百坭小学已经没有老师和学生，学生们都是去另一个村的谐里小学上学，路途比较远，很多学生因此不想上学。为了解决这个问题，她联系原来就读的学校——北京师范大学，组织了11名大学生来百坭村开展暑假实践活动。黄文秀和村两委干部带着11名大学生到每个村屯做宣传，并在村部组织放假在家的中小学生开展活动，组织村规民约吟诵比赛，让学生们知道了怎么守纪律、讲文明、爱卫生，创造百坭村新风貌，让学生们明白了读书的意义。整个百坭村没有辍学的现象。

黄文秀组织百垠村开展村规民约吟诵比赛

2018 年 7 月 6 日 星期五

今天和支书、两委讨论关于致富带头人的问题，涉及产业园的建设。我村产业有：

（1）油茶：百布屯。

（2）杉木：那坤屯。

（3）烟叶：百坭屯。

（4）养猪：百果屯。

（5）砂糖橘：那用屯。

经商议，我村的产业园定在那用屯。

**【短评】**

百坭村村民班统茂曾是一名贫困户，在黄文秀的帮扶下，他成了村里的致富带头人。他告诉记者，百坭村那用屯种有 300 亩砂糖橘，之前由于疏于管理，产量一直上不去。黄文秀到村后，组织力量统一管护，2018 年，那用屯砂糖橘面积和产量大增，从 2017 年的年产 3 万公斤增长到 2018 年的 25 万公斤。黄文秀还帮村民联系客商，并向上级部门争取财政专项扶贫资金，把村里的路修好以解决运输问题。2018 年，共 8 户人家的那用屯，有 6 户靠种植砂糖橘年收入达到 10 万元以上。

黄文秀来到百坭村 1 年期间，当地有 88 户实现脱贫，贫困发生率下降至 2.71%，村集体经济收入达 6.38 万元，百坭村被中共百色市委员会、百色市人民政府评为 2018 年度“乡风文明红旗村”。

百坭村获得的“乡风文明红旗村”锦旗

2018 年 7 月 9 日 星期一

上午和村干部入户走访，走访了百坭屯的黄家仲，他是我村的老人户，须告知他按文件要求他被剔除贫困户。

下午收拾整理村部，迎接从北京师范大学来的调研队。

增加生态护林员：百布屯、百坭屯（暂时）。

【回忆】

**黄文秀北京师范大学校友、南宁市第十八中学老师蒋金霖：**我大学毕业后回到广西工作，在一次聚会上认识了文秀师姐，成了无话不谈的好朋友。文秀人如其名，“文在心，秀于行”。

在文秀的微信朋友圈，她几乎每天都会分享驻村工作跋山涉水、进村入户的点点滴滴。我通过她的微信朋友圈，一点点了解到，第一书记的日常工作非常不容易。后来我知道，文秀是靠着政府的帮扶资助才走出了大山，走到了首都，增长了学识，开阔了视野。她立志回到家乡，建设家乡。文秀的知恩反哺，让我十分敬佩，敬佩她懂感恩，敬佩她守初心。

作为北京师范大学的毕业生，文秀懂得教育对于脱贫的现实意义。她担任百坭村第一书记后，就想着在村里办一所幼儿园，辐射周边的村落，她希望村里的孩子也能像城里孩子一样，享受学前教育。正因为这样，2018 年夏天，文秀邀请她留校任教的研究生同学陈乐，带上10多名本科学生到百坭村开展暑假实践活动。文秀带着实践团队去找当地镇政府座谈、参观易地扶贫搬迁项目、体验入户工作、组织村里孩子捡垃圾……后来，文秀找到老师，请教关于开办幼儿园的事宜。她又通过在广西和北京师范大学的校友，为百坭村建幼儿园开展调研。文秀还联系过我的大学舍友，邀请北京师范大学的“农民之子”社团到百坭村支教。

黄文秀邀请北京师范大学师生到百坭村开展暑假实践活动

文秀总喜欢“胳膊肘往村里拐”，她还向北京师范大学的老师请求帮助，希望到百坭村搞暑假实践时，多带些会弹奏乐器的师弟师妹来。因为村子里有市级非物质文化遗产传承人，文秀想搞一台文艺晚会，展现非物质文化遗产，让文化能得到更好的传承。

文秀心中有爱，也很爱美，但她回到村里，就折好她心爱的裙子，穿上运动装，上山下田，久而久之，她身上就有了一股浓浓的乡土气息。在她的努力带动下，百坭村脱贫致富的人更多了，道路更好了，蓄水池更多了，路灯更亮了，村里更美了。她告诉我，她参加脱贫攻坚战，要“站好岗，打赢仗，再收兵”。短短一年时间，我看着文秀从扶贫“新手”到“熟手”，看到了她的坚守。

“金霖，突然好想吃海底捞！”2019 年 5 月 11 日，文秀给我发微信。我高兴地回了她一句：“过来呀，请你吃！”于是，我们约了几个好友一起聚聚。饭后，阳光乐观的文秀和我聊天。她说，她想结婚生个孩子，让父母享受天伦之乐。

后来我才知道，文秀的爸爸患重病，接受治疗后吃不下东西，吃一点就想吐。文秀劝爸爸一定要吃东西，即使会吐也要吃。文秀父亲试着按照女儿的话，坚持吃东西。文秀刚刚陪着爸爸过了父亲节，就不幸遇难。

文秀自己家境并不富裕，却心念着祖国的脱贫事业。这就是文秀的家国情怀。

2018 年 7 月 10 日 星期二

今天分组入户进行动态调整工作，学生们也和我们一起入户。

黄文秀和北京师范大学的暑假实践学生合影

黄文秀带领北京师范大学的暑假实践学生到村民家走访

2018 年 7 月 12 日 星期四

上午走访了者乐屯的廖家圆，开了群众小组会议，感受到群众对危房改造的诉求较为强烈。

中午让黄韦程到百爱屯开小组会议，每个人都讲自己特别困难。

下午和学生们做材料。

黄文秀带领北京师范大学的暑假实践学生进行考察

2018 年 7 月 26 日　星期四

今天星期四，镇里又布置了许多工作。

关于我们村的产业园的牌子，一直在努力中，5 个致富带头人也在培养中。

每天都很辛苦，但心里很快乐。

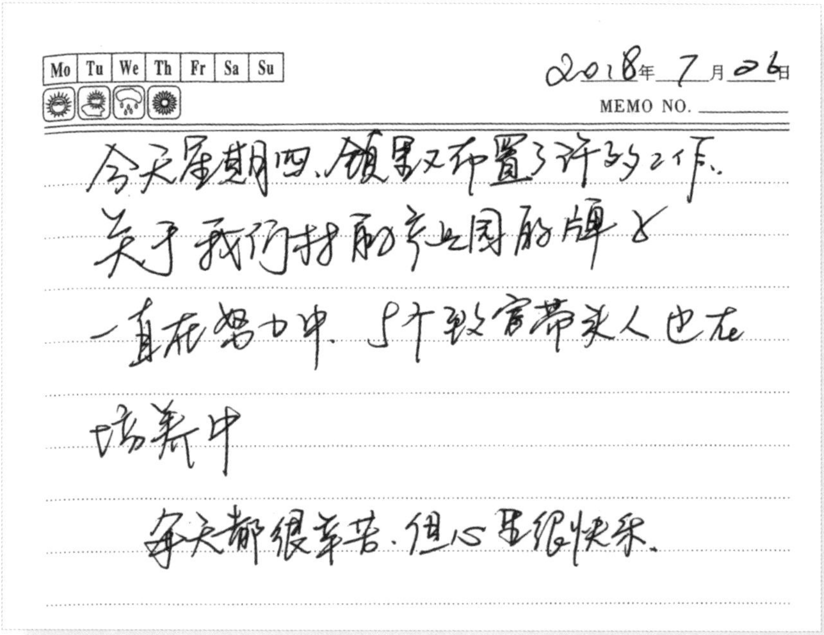
Mo Tu We Th Fr Sa Su
2018年7月26日
MEMO NO.
今天星期四、镇里又布置了许多工作.
关于我们村的产业园的牌子
一直在努力中. 5个致富带头人也在
培养中
每天都很辛苦. 但心里很快乐.

**【回忆】**

**那伟村第一书记张柏瑜：**在文秀书记到岗前，我和她有过接触，我们不仅是工作上的同事，还是平时生活中的朋友。文秀书记给我最深刻的一个印象是，她是一个爱哭鼻子的女汉子，一方面她是一个很感性的人，有时候一些小事就可能引起她情绪的波动，但跟她不是很亲近的人是看不到她这一面的；另一方面她又很坚强，遇到困难都能挺过去。有一次在工作中碰到了一个比较大的困难，她哭着鼻子找到我，将自己在工作中遇到的困难向我诉说，并向我请教，问我在工作中有没有遇到类似的事情，是怎样处理的，结果怎么样，问得很细致，并把这些都记在笔记本上。我记得比较清楚的是，文秀刚开始去入户的时候贫困户不让她进门，因为她说的是普通话，又是外地人，群众一下子没那么快接纳她。后来我给她提了意见，跟她说一开始要慢慢去接触群众，在群众去干活的路上或者干活的时候接触，慢慢地融入群众的生活中，不能一开始直接去群众家叫门，那样会让群众有抵触心理。

2018 年 7 月 28 日　星期六

今天星期六，很多小朋友问我还不开展志愿活动吗。

近期很多工作，我安排好以后再开始呢。

**【短评】**

黄文秀担任百坭村第一书记期间，以推动乡风文明建设为切入点，成立志愿者服务队，组织青年积极参与政策宣传、产业建设、文明建设。她还充分发挥专业优势，耐心细致地做好群众工作，一年之内帮助村里化解了 40 多起矛盾纠纷。

黄文秀组织村里的孩子开展活动

2018 年 7 月 30 日 星期一

下午在镇里参加了关于产业园和致富带头人的工作会。

产业园在百坭村已选好位置，产业初定为砂糖橘。

但“3＋1”产业不算茶叶、杉木，很被动。

**【短评】**

靠山吃山，靠水吃水。黄文秀带领村干部和群众，深入研究、挖掘百坭村的资源优势，学经验、找路子，大力发展杉木、八角、砂糖橘、枇杷等特色种植产业，千方百计拓宽群众增收渠道。全村的杉木种植面积从800多亩发展到2万多亩，八角从600多亩发展到1800多亩，砂糖橘从1000多亩发展到2000多亩。仅在2018年就通过电商销售砂糖橘4万多斤，销售额超过16万元。

黄文秀带领村民发展砂糖橘产业

2018 年 8 月 13 日 星期一

经过几天的休息，感觉好了很多。

村里致富带头人已集结完毕：周昌战、班智华、黄态度、班统茂、黄志邦。

就加紧设计出来吧。

黄文秀邀请专家指导村民发展砂糖橘产业

2018 年 8 月 14 日 星期二

我有许多的想法，

给百坭村设计一首村歌。

用《成都》的调子，但是真的水平有限，一直填不出词。

村里有许多文艺爱好者，但我不知该如何组织他们。

能力有限，

仍需不断加强。

黄文秀下村走访

2018 年 8 月 15 日 星期三

我发现我的方言进步了。

可以和贫困户完整用桂柳话交流了。

今天到百果屯入户，发现自己真的有所进步。

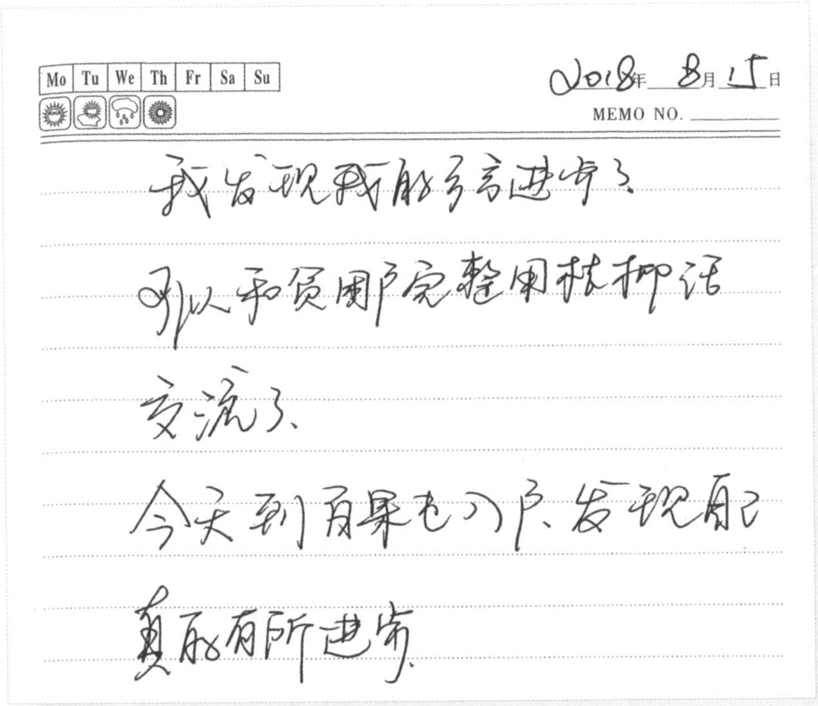

Mo Tu We Th Fr Sa Su

2018年 8月 15日

MEMO NO.

我发现我的方言进步了

可以和贫困户完整用桂柳话

交流了、

今天到百果屯入户、发现自己

真的有所进步

2018 年 8 月 16 日 星期四

不知不觉就到了8月，时间过得真快，我以为自己无法坚持，但真的走到了今天。

按计划与扶贫工作队队员一起到百坭屯下队入户，进一步了解黄兴围家的情况，以便更好地制订帮扶措施。

【回忆】

**黄文秀的姐姐黄爱娟：** 北京是一个大都市，是我国的政治、经济、文化中心。我是第一次到北京，看到北京那么大，那么繁华，生活在这样的大城市里面能感受到一种蓬勃发展的氛围，对个人的发展有很大的帮助。可能很多人来了就不愿意回家乡了。

但是文秀从一开始就说以后她还是要回广西，并且义无反顾，这需要很大的勇气。因为她从小生长在一个经济条件不是很好的家庭里，所以她就是想回来，去到基层工作，让更多的父老乡亲能够摆脱贫穷，使更多的孩子能够走出去，到更好的地方接受教育。她有个志愿，要回报家乡，回报社会，回报更多关心她和爱她的人。

2018 年 8 月 22 日 星期三

驻村时间那么长以来，不断思考一个问题，究竟何为幸福，作为一个人他怎样才能简单幸福地生活。古语：老有所养，幼有所教。真正的幸福就是：他上学、看病有保障，生活环境良好，就如中央定的“两不愁、三保障”，但网络盛行，人的欲望无限拓开，除了物质层面，精神的追求也越来越明显，如何团结群众，让他们更拥护更团结，这个真的非常重要。

【回忆】

**百色市委宣传部干部蒋丹丹：**文秀的离开让我久久不能释怀。每每回想起与她相处的三年时光，回想起她驻村扶贫的决心和果敢，回想起她弱肩挑重担的勇气和坚毅，我都深深地被她那份真切的滚烫的不灭的初心所感动。她生长在百色这块被无数革命烈士的鲜血染红了的土地上，最后又和无数革命烈士一样把自己的热血洒在了这片土地上，成了盛开在这片红土地上一朵永不凋谢的生命之花！

Mo Tu We Th Fr Sa Su

2018年 8 月 22 日

MEMO NO.

驻村扶贫时间那么长以来，不断思考一个问题：究竟何为幸福，作为一个人他才能够享幸福的生活。古语：老有所养，幼有所教，真正的幸福就是：他上学、看病有保障；生活环境良好，就如中央定的"两不愁、三保障"，但网络盛行，人的欲望无限打开，除了物质层面，精神的追求也越来越明显，如何团结群众，让他们更拥护更团结，这个真的非常重要。

2018 年 8 月 23 日 星期四

之前在网上看到穷人和富人的思维区别：穷人遇到困难就是退缩、抱怨，富人看到困难会积极解决。驻村入户与贫困户了解近况，真的有这样类似的思维。

扶贫要扶志、扶智，当下社会条件如此好，只要勤快，真的不会有生活不好的。

**【短评】**

扶贫要先扶智。从山里走出来的黄文秀对此有着更深刻的感受。

早在大学时，她就向老师程过富透露，毕业后想回百色当一名老师。但程老师劝她："你还年轻，可以努力报考研究生。当你上了一个台阶，就能为家乡作更大的贡献。"她听取了程老师的建议，考上了北京师范大学的硕士研究生，继续深造。

读研期间，她积极参加社会实践，倾情关注基础教育与扶贫。2015 年，她参与首届"启功教师奖"评选调研，对基层贫困乡村现状有了更深刻的认知和理解，她说："乡村的未来，在教育，更在人才。"

毕业前，黄文秀回到广西调研，撰写硕士学位论文，并决定报考广西定向选调生。她说："我来自广西贫困山区，我要回去，把希望带给更多父老乡亲，为改变家乡贫穷落后的面貌尽绵薄之力。"

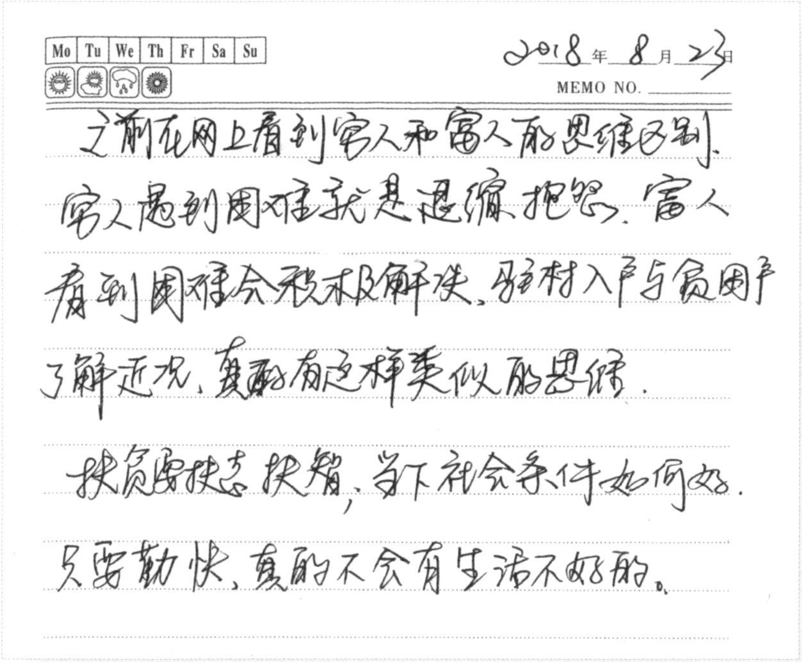

Mo Tu We Th Fr Sa Su

2018年8月23日

MEMO NO.

之前在网上看到穷人和富人的思维区别。穷人遇到困难就是退缩、抱怨，富人看到困难会积极解决。驻村入户与贫困户了解近况，真的有这样类似的思维。

扶贫要扶志、扶智，当下社会条件如何好，只要勤快，真的不会有生活不好的。

2018 年 8 月 24 日 星期五

上午在村里继续督查，组织村干部做好雨季泥石流、滑坡等地质灾害的排查，将受灾情况上报政府。

下午到新化“易安”点查看“易安”入住情况。

黄文秀在考察坍塌道路

2018 年 8 月 25 日 星期六

今天到者乐屯走访贫困户，同时宣传小额信贷政策，为发展产业但缺少资金的贫困户提供支持。

注意宣传“双诚信”问题，逾期还款将影响今后的信用评价。

黄文秀跋山涉水走访村民

2018 年 8 月 26 日 星期天

继续在者乐屯走访贫困户。

同时做好雨季安全宣传及排查工作。

查看贫困户住房保障问题。

【回忆】

**林立村第一书记张胜根：**我认识的文秀书记是一个内柔外刚、乐观向上的人。在平时的工作中，她总是微笑面对困难。记得在 2019 年 6 月 14 日，这一天正好下雨，她和村干部去村里核实灾情。虽然下着雨，出行不易，但是她的微信朋友圈依然是乐观向上的，能感觉到她非常乐意去做这个事情。

2018 年 2 月，我父亲因为患咽喉肿瘤在百色做手术，她知道这件事后，便问我父亲的情况，周末她回家经过百色，还专门去医院看望我父亲。

2018 年 9 月 1 日 星期六

驻村工作总结：从 4 月至今驻村足有 4 个月了，在遍访的基础上，认真收集农户的基本情况，感受就是大部分群众的获得感特别低。扶贫工作关键就是要让群众明白政府对农村发展的关心与支持。

黄文秀帮助村民采收砂糖橘

2018年9月4日 星期二

上午整理研判会的材料，为下午的会议做准备。

下午要强调几个问题：

（1）通报百坭村的基本情况。

百坭村现仍有103户491人未脱贫，2018年预脱贫户为88户418人。

百坭村是2019年的脱贫村，我们现在所做的工作都是为了2019年实现整村脱贫。乐业县也是2019年实现全县脱贫，因此作为2018年的预脱贫户，大家就不要等到明年了，一定要确保今年完成这个脱贫任务。

（2）关于猕猴桃。

根据全镇要求，所有2016年、2017年、2018年的贫困户都要参加猕猴桃种植，签订协议以后才有分红。

（3）关于改厨改厕。

脱贫要求是要达到65%以上，因此自己帮扶的贫困户有符合条件的，请动员他们联系支书、主任来做这个事情。具体要求请与支书、主任联系，整个村的工作队和村干部通讯录已发到群里了。

（4）“雨露计划”。

现在是9月的开始，有符合条件的贫困生，我们帮扶干部要收集好贫困生的在读证明以及户主的账户信息，同时将名单报到黄韦程同志这里。我们要收集所有享受“雨露计划”的贫困生名单，尤其是新生入学的。

（5）工作计划。

请没有加入QQ群的同志尽快入群。群内有广西扶贫对象脱贫摘帽标准的征求意见稿，还有日常的一些脱贫攻坚的红黑榜简报，希望大家睡前花一点时间学习，不要重复别人的错误。准备进入年底的“双认定”和验收工作了，希望大家扎实开展好自己的结对帮扶工作，及时查收群里的消息和上报材料。

特别感谢各位帮扶干部对我们驻村工作队的支持。

2018 年 9 月 10 日　星期一

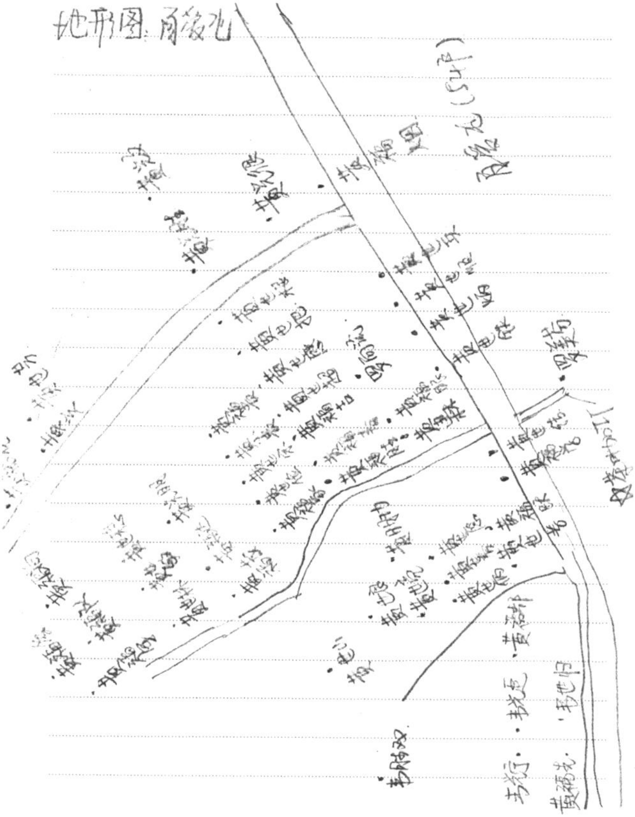

【短评】

黄文秀到百坭村后，花了 2 个月时间走访了全村 195 户贫困户，绘制了百坭村贫困户的分布示意图，在示意图上标注每户家庭的地址、情况、致贫原因等。她主动与村民一起劳动、拉家常，很快拉近了与村民的距离，赢得了大家的信任。

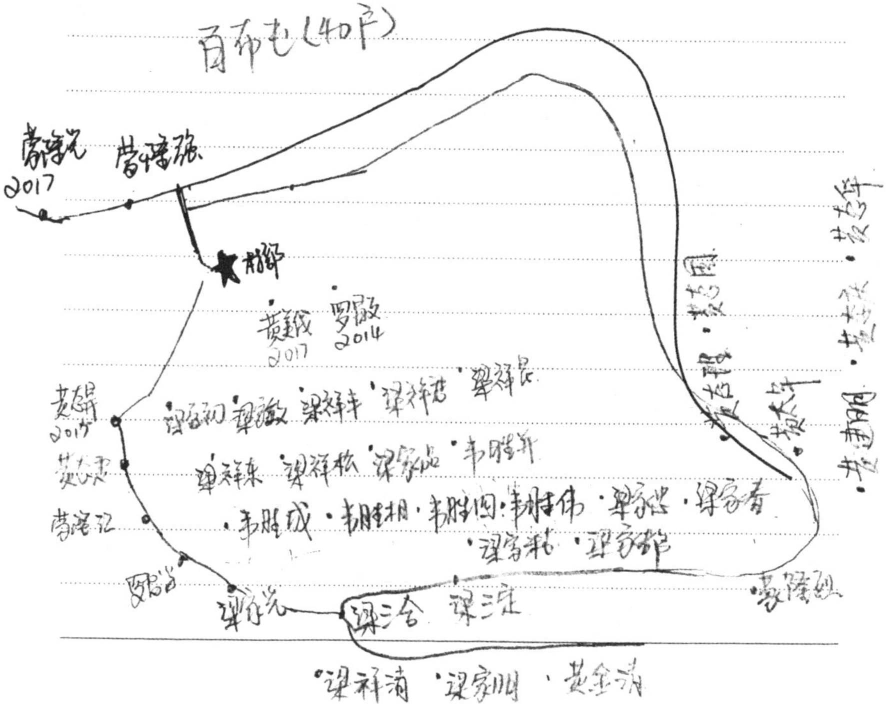


**【短评】**

日记里，黄文秀做了这样的手绘示意图：上面有村里每一户贫困户户主的名字。凭着这股迎难而上、踏实肯干的劲头，她很快就成了村民竞相邀请的自家人，成了大伙口中亲切的文秀书记、文秀姑娘。

2018 年 9 月 11 日 星期二

今天和后援单位的帮扶干部一起走访长沙屯的贫困户。路还没有硬化，下过雨的路面泥泞又坑洼，我一路都十分担心车子打滑。万幸，最后平安归来，我的车技又提升了！

走访了罗盛攸、黄金专、黄卫东、黄金提、黄仕京等户，其他人都上山务农或者外出打工了。对于未能走访到的农户，我重点查看了他们家的住房和饮用水情况，都达标了，我心里十分开心。

今天让我印象深刻的是黄仕京这一户。走访了一天，他们见我们非常辛苦就热情地留我们吃晚饭。他们家共有 5 口人，上有 84 岁的老父亲，下有两个正在读大学的孩子，一个在广西民族大学，另一个刚考上广西医科大学。黄仕京夫妇平时在家靠种植八角和农闲时在外做建筑工来维持生活。了解到他们家的情况后，我们赶紧收集材料为他们办理“雨露计划”。他家里的老人家一直说感谢党的好政策，为他的孙儿解决学费问题，对我们的到来表示非常激动。其间我告诉他，现在日子苦一点，以后依靠自己不断的努力，幸福总会到来的。他居然激动地哭了，他说这一切都感谢党。这让我无比动容。

【回忆】

**百色市委宣传部干部成明：**文秀是我的好姐妹。在部里，文秀跟我关系一直很要好。我们经常在一起谈理想、谈人生、谈家庭。

我们最后一次见面是在 2019 年端午节的前一天。我见到因工作太忙而难得一见的文秀，就拉她一起聚聚。当晚送她回家时，我们在她的宿舍楼下一直聊到凌晨 1 点多。

聊着聊着，就聊到了她家。文秀说，爸爸刚刚做完手术，需要人照顾，但驻村工作实在太忙，没有办法照顾和陪伴爸爸。她没有尽孝，很愧疚。说着说着，文秀伏在我的肩膀上哭了。我看到了阳光女孩脆弱的一面，也看到了她舍小家、顾大家的为民情怀。多么好的女孩，多么坚强的女孩！我抱着文秀，安慰她，心疼她。离开后，我给她发微信说：“明早醒来，又是晴天。”

后来，在整理文秀的遗物时，我看到了她的日记， 她记下了一个个贫困户的名字：罗盛攸、黄金专、黄卫东、黄金提、黄仕京……文秀查看了他们家住房和饮水情况，都达标了，她十分开心。她有一篇扶贫日记写着：“今天和后援单位的帮扶干部一起走访长沙屯的贫困户。路还没有硬化，下过雨的路面泥泞又坑洼，我一路都十分担心车子打滑。万幸，最后平安归来，我的车技又提升了！”看到这里，我的心又痛了一次，因为她这次不能平安归来了。

黄文秀在那用沟瀑布

2018 年 9 月 17 日 星期一

今天是“山竹”进入广西的日子。上午在村部召集挂村、驻村、村两委干部一起开会，部署防范工作以及布置建档立卡贫困户的研判会工作。

（1）百坭村危房改造名单。

（2）改厨改厕名单（由第三方来实施）。全村 65% 达到无害化厕所标准。

（3）服务惠民。

（4）油菜花种植。百爱、百果、百布、百干、百坭等屯，免费发菜种。

（5）低保。罗冒径、班美莲、韦胜若（从 C 类到 B 类）。

（6）在当地常住的户口（≥ 18 周岁）。

2018 年 9 月 30 日 星期天

1. 信息数据采集

（1）要与农户的数据一致。

（2）对深度贫困村、贫困户进行信息采集。

2. 动态管理

（1）人口数据分化。

（2）纳入、返贫、剔除。

3. 帮扶干部责任

（1）核对并上报贫困人口数据。按实际填表上报，今后被督查发现不符合实际的将严肃处理。

（2）按要求入户，对长期在外的务工人员也要打电话沟通，尤其是主要劳动力（户主、配偶）在外打工的，简单打个电话问候。入户不要马上问收入，打扫一下，看看厕所、厨房。入户可以联系该屯屯长。

（3）对已脱贫的要进行追踪。

4. 百坭村待办事项

（1）作战图。

（2）做致富带头人宣传栏、结对帮扶牌。

（3）驻村绩效台账。

（4）村级各项台账。

①帮扶责任：第一书记、帮扶干部→文件出处。

②入户注意事项：人口数据核对，包括死亡、外嫁、嫁入、服刑、失踪、上学的人口。今后将进行“双认定”，工作依据不一的将被处分。

总的来说：

（1）村级方面。我们是新增深度贫困村，要录入系统。

（2）贫困户方面。①确立“双认定”名单，即脱贫名单；②让帮扶干部上报人口数据信息，录入系统；③进行纳入、返贫、剔除的动态调整。按时间节点进行，不能出现错误。

（3）用 APP 打卡考勤。①百坭村 2018 年扶贫对象动态管理和信息采集工作部署会；②百坭村控辍保学工作推进会；③百坭村安全生产工作推进会。

2018 年 10 月 1 日 星期一

这个“黄金周”结合自己的工作进度，我决定就地休假。目前我村的整个详细情况我还不是很了解，必须对88户的情况了然于心，尤其是因病致贫的贫困户。这个假期有许多因学致贫家庭的学生回家，我想利用这个机会和他们进行交流。

（1）要熟知全村基本情况。

（2）村两委职业化，要学习《中共中央 国务院关于打赢脱贫攻坚战三年行动的指导意见》《脱贫村贫困户的脱贫标准》《脱贫攻坚工作成效考核办法》等。一是要查漏补缺，二是关键在于户脱贫，三是后期研究整村脱贫。

（3）重点教育扶贫。对6～16周岁贫困人口摸底：清楚去向，就读凭证，在校是否享受相应补贴。

（4）产业发展。做好户户登记、特色水果糖度测定、对接电商平台和产销对接等工作。

【回忆】

**乐业县委县政府督查和绩效办干部：**文秀同志在工作中跟同事的沟通交流比较多，不仅跟其他第一书记交流得比较好，还与工作队队员甚至别的镇的工作队队员交流得比较好。对工作和新生事物的反应和接纳速度比较快，比如我们有一段时间在各个村推行“腾讯为村”APP。这是一个很好的平台，既可以在上面了解村务，又可以发展电商，文秀同志在这件事情上尽心尽力，推进得比较快。

黄文秀与百坭村大学生开展经验交流分享

2018 年 10 月 2 日 星期二

今天梁贵芝家里设宴庆祝她考上选调生。她家是2017年的贫困户。她2017年毕业于广西民族大学，一个女生也立志服务于基层，回报社会和国家对她的培养。

百坭村因学致贫的贫困户很多，这说明这个村的整体氛围很好，但也说明我们必须再进一步精准，为贫困户制定相应的脱贫政策。

**【回忆】**

**黄文秀的姐姐黄爱娟：**文秀在世的时候，她最大的心愿就是在百坭村建一个师资条件好、硬件设施等方面都比较齐全的幼儿园，可以给那边的孩子们提供从小就能接受好的教育的条件，改变他们的人生轨迹。

黄文秀对村里的孩子很关爱

2018 年 10 月 3 日 星期三

今天和放假回来的贫困户学生进行了座谈，了解他们对当下扶贫成效的感受。黄文远、黄彩霞、梁贵芝等6人参加了座谈，他们纷纷表示“雨露计划”非常有利于因学致贫的家庭。

座谈之后我们到那坤屯进行了户外活动。本次活动大家非常开心，我也从另一个方面了解了群众的满意度。

**【短评】**

作为党员，黄文秀始终牢记初心和使命。教育可以改变农村孩子的命运，她主动帮助村里贫困户梁家都的两个孩子申请助学贷款。同时，黄文秀也积极推进“雨露计划”。村民黄仕京家有 5 口人，父亲已经 84 岁，大儿子在广西民族大学就读，小儿子考取了广西医科大学，他们家因学致贫。黄文秀了解情况后，除了正常的政策扶持，还及时为他家申请“雨露计划”，一次性落实了 5000 元的补助，解了他的燃眉之急。

2018 年 10 月 4 日 星期四

今天和村支书、村主任走访了百坭屯的贫困户。百坭屯目前有 13 户贫困户，有几户是因大病、因残致贫，我入户了解了他们的生活情况和治疗情况。

针对他们的问题，健康扶贫是根本的、必须的。走访很多贫困户，发现生活条件与健康、经济挂钩，家里比较整洁的，人的思维也比较清晰。百坭村的乡风文明真的非常重要，文明家庭、清洁家庭是长效性的，不是短期性的。

黄文秀走访时看望村里的老奶奶

2018 年 10 月 5 日　星期五

今天新化镇已通知我们第一书记回岗工作，根据信息采集的安排，也是从 10 月 5 日开始。镇党委书记今天到百坭村那坤屯走访贫困户，下乡走访的还有常治兴、常伦军、常治安和周胜刚。他们对百坭村的脱贫攻坚工作还是比较满意的。通过这次走访，我发现还有很多细节要弄清楚，如新农合、新农保的相关问题。

和黄书记入户了解也学习了很多入户访谈的技巧，一般不可多于 10 分钟，主要询问人员动向，解释政策，同时对收入进行核对，结合生活实际，贫困户对自己的收入也是认可的。

黄文秀与贫困户交流

2018 年 10 月 6 日 星期六

今天接到通知，县长将到百坭村走访，听取工作汇报。结合百坭村的88户预脱贫户的情况以及村内各项工作的开展情况，县长对“雨露计划”进一步布置，提出以问题为导向，扎实开展各项工作。县长对百坭村的工作总体还是比较满意的。

下午接到通知，明天书记将到百坭村进行走访，我接到通知后召集村两委开展了准备工作。

黄文秀在村民家中走访

2018 年 10 月 7 日 星期天

今天方书记到百坭村开展调研，先是听取了工作汇报，而后走访了两户贫困户。在听取工作汇报时，材料有所不一致，我也在纳闷这个到底怎么回事。总体来说较为顺利，但还有很多细节需要认真核对，不可大意，这次走访过后我深感压力倍增。

希望一切能顺利！

**【短评】**

翻开黄文秀的入党申请书，其中写道：“一个人要活得有意义，生存得有价值，就不能光为自己而活，要用自己的力量为国家、为民族、为社会作出贡献。”

2018 年 10 月 8 日 星期一

黄金周就这样过去了，这周虽然是假期，但是压力也不小。本周要开始督促干部们进行信息数据采集工作，有非常多的表格，我必须认真对待。目前，百坭村还存在一些问题，如那坤屯的周仲志是2018年预脱贫户，但门窗还未安装，要加紧督促；另外，我们的APP一直不能使用。

黄文秀在村民家走访

2018 年 10 月 9 日 星期二

今天上午在村部为群众办理了一些手续，下午在县里参加乐业县脱贫攻坚（乡村振兴）工作队驻村警示会议。

队长说了一个词，就是督促，为了工作、为了更好地工作，要整风肃纪。被通报批评的第一书记队员上台检讨。会后百感交集，开始准备工作的考核。

黄文秀看到村民的枇杷收获时特别开心

2018 年 10 月 15 日 星期一

今天回原单位汇报第三季度脱贫攻坚工作。上午向部领导汇报了近期开展的工作情况。目前百坭村各项工作开展相对顺利，对于全村的满意度和工作队队员的管理仍需进一步加强。百坭村 2018 年预脱贫 88 户 418 人。

【回忆】

**乐业县信访办干部：**文秀同志平时为人很随和、很谦虚，从来都不认为自己是一个高材生或是一个从市里面下来的科级干部就高人一等。她自己原本是农村里面出来的孩子，她常去群众家里开展工作，找群众拉家常，和群众打成一片，了解他们的产业发展、孩子就业等情况。有一次我们下队走访，她看到一户人家里有几个妇女在一边织布，一边唱壮族山歌，为了和群众打好关系，就跟着她们学织布、学唱山歌。文秀还经常教村里的孩子绘画、书法。从这一点就看出文秀很随和、很阳光，想方设法地搞好群众关系。

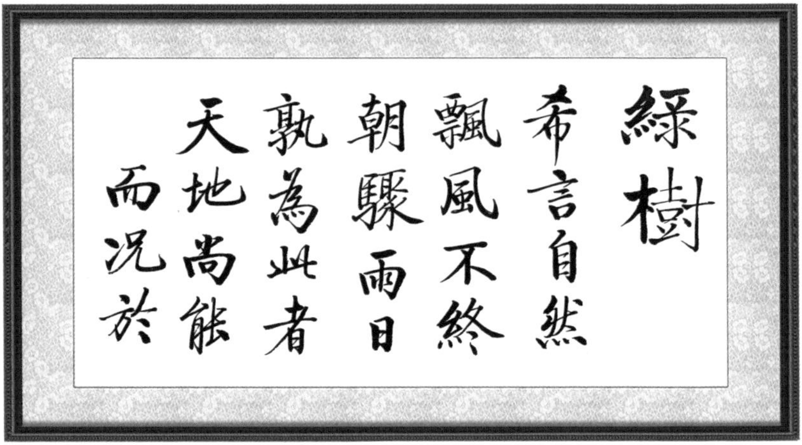
綠樹
希言自然
飄風不終
朝驟雨日
孰為此者
天地尚能
而況於

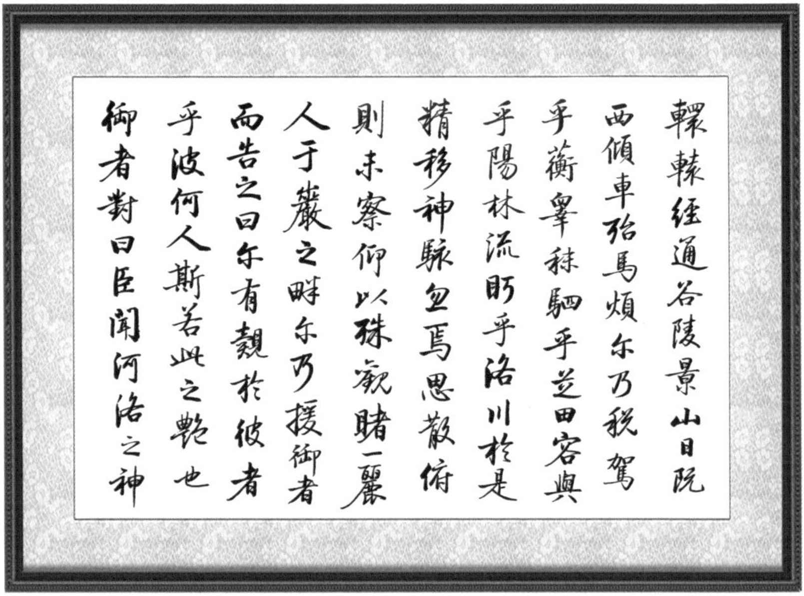
轘轅經通谷陵景山日既
西傾車殆馬煩尔乃稅駕
乎蘅皋秣駟乎芝田容與
乎陽林流眄乎洛川於是
精移神駭忽焉思散俯
則未察仰以殊觀睹一麗
人于巖之畔尔乃援御者
而告之曰尔有覿於彼者
乎彼何人斯若此之艷也
御者對曰臣聞河洛之神

黄文秀书法作品

2018 年 10 月 17 日 星期三

今天我和工作队队员韦光鸿到那坤屯、青乐屯查看贫困户的住房情况。今天收到 2 户易地搬迁申请，我和工作队队员到申请人家中了解实际情况。有一户申请搬迁到百色，有一户申请到新化镇安置，我们向他们讲解了中央政策，明确必须拆除旧房，他们都同意了。

黄文秀在村民家中走访

2018 年 10 月 19 日 星期五

今天在村里整理“雨露计划”的材料。安排黄韦程收集汇总信息表，督促帮扶干部上交相关材料复印件。目前发现很多帮扶干部有抵触情绪，尤其是教师队伍，很多人都在埋怨，认为这是政府的工作，很多事情交代很多次了仍不认真对待。今后必须加强和教师们的沟通，做好他们的思想工作。

黄文秀组织村里的孩子开展活动

2018 年 10 月 24 日 星期三

今天到百果屯走访贫困户，了解他们的生产生活近况，到岑国力家了解其思想动态。户主不在家，只有其配偶在家，她不会讲普通话，对政策也不能透彻了解，等靠要思想较明显，我和支书一起做了很久的工作。

黄文秀与村民交流

2018 年 11 月 2 日 星期五

今天从上午8点到下午4点一直在开展研判。今年计划实现88户418人的脱贫任务。一户一户地研判，扎实开展一系列工作是最基本的要求。研判包括已脱贫的农户，做了简要汇报。

【短评】

对于贫困户王美线来说，文秀就像是自己的亲妹子。2017年，王美线丈夫患病离世，孩子还在上学，一个山里女人背着沉重的债务，日子过得苦不堪言。文秀把她的困难时时挂在心上，帮她申请贷款买了榨油机、打米机，做起小型农产品加工，还开了一间小卖部，困难的日子慢慢挺了过来。王美线一家每月收入2000多元，2018年顺利脱贫摘帽。

2018 年 11 月 4 日 星期天

根据县里的工作要求，需每次核对帮扶手册。我核对全村帮扶手册时，发现存在以下问题：一是许多户的收入未计算，漏填的很多；二是帮扶干部对政策还是不明晰；三是贫困户的获得感不强。

**【短评】**

贫困户黄邦旋想申请低保，因不符合纳入低保的条件，未能享受低保待遇，心里有意见，黄文秀上门走访的时候，就不愿给她开门。黄文秀耐心地做工作，一次不行就两次、三次上门，苦口婆心地劝他："我也姓黄，我叫你哥吧。哥你这么聪明、勤快，一定能奔小康。"黄文秀告诉黄邦旋："国家扶贫政策多得很，靠低保只能解决基本生活问题，要脱贫还得自力更生，不等不靠，自己干出成绩才光荣。"讲通了道理，黄文秀趁热打铁，帮助黄邦旋向上级扶贫部门争取到7000 元产业奖补资金，指导他发展水果种植，很快就让黄邦旋一家脱了贫。

2018 年 11 月 28 日 星期三

今天到青乐屯杨流发、容隆球两户走访，这两户情况正常，核对手册并询问他们的收入情况，可顺利脱贫。

**【回忆】**

**林立村第一书记张胜根：**2018 年底，有一天晚上 10 点多，黄文秀和一位同事路过林立村，虽然很晚了，但是他们还是想与我交流扶贫心得，我们就在路边聊了起来。实际上百坭村的工作已经做得很好了，不需要来我们这里学习。可她却说一个村好了不算什么，要大家共同进步，把其他同事都带起来，所有村都好了才算好！这让我很感动。

2018 年 11 月 29 日 星期四

今天整理学生申请“雨露计划”的材料，这是群众切实得到的政策扶持，很多群众很早就打电话过来咨询，这项工作我们必须做好做实。下午到易地安置点查看易安户实际入住情况，开展入住“以奖代补”工作。

【回忆】

**黄文秀的硕士研究生导师郝海燕：**文秀在学校里首先是践行了我们“学为人师，行为世范”的校训，后来去了百坭村，她也发挥了一个优秀共产党员的先锋模范作用。她扎根基层、心系百姓，真正把为人民服务放到心里，始终奋斗在一线。中宣部追授她“时代楷模”荣誉称号，这是党和国家对她的认可。我有幸在现场观看了这个仪式，整个过程是流着泪的，我发自内心地为她感到自豪，觉得她的精神通过一种方式获得了凝聚和定格。

2018 年 12 月 4 日 星期二

要非常重视易地安置的旧房拆除和实际入住问题，很多群众申请了易地安置，但是仍抱有不一定拆除旧房的侥幸心理，这说明政策宣传还不到位。有些群众易地安置之后的就业问题、长期实际入住问题，必须做好相应的工作。

黄文秀在村民家走访

2018 年 12 月 8 日 星期六

上午到镇里和财务对接工作经费的使用情况，虽然总量不多，但是必须用好每一笔资金。今年用于驻村宣传、会议室的LED灯及办公用品的费用为1.5万元，用于村内亮化工作的为3.5万元。

**【回忆】**

**乐业县财政局干部：**因为百坭村道路的亮化和硬化项目，我们县财政局跟文秀书记有过接触。作为项目对接人之一，我跟文秀书记见过几次面，跟她接触下来，我觉得她真的是一个很活泼的人，同时也是个感性的人。在我们这几次接触中，她总是提到一件事情，有一天晚上她从贫困户家里走访回来，看到一个骑摩托车的老人不小心摔倒在坑里。这样的事情可能还会发生，她觉得非常危险，希望这两个项目尽快落实，把村里的路修好，把路灯安装起来，为老百姓提供方便。每次聊天本来还是很开心的，但一说到这件事情她就变得认真严肃，又觉得心痛，感觉是自己工作没做好。文秀书记在为群众服务、为村民谋福祉这些事情上真的很用心，很负责。

黄文秀在考察

2018 年 12 月 9 日 星期天

上午和那伟村张书记一起到易地安置点查看贫困户的入住情况。那伟村工作队非常认真负责，尤其是张书记，主动要求连任，我非常敬佩他，工作也非常扎实，值得我学习。走访过程中，发现还有 1 户没有按要求张贴对联，家中没有生活用品。

【回忆】

**皈里村第一书记张芹维：**文秀书记是一个很好相处的同志。文秀是市里派来的第一书记，我是镇里派出的第一书记，大家一起聊扶贫心得、交流经验，她不会小看我们，还能够跟我们打成一片。2018 年她的生日，是和我还有她的村支书几个人一起过的。当时也是周末，她没有回百色，下午的时候，她主动跟我聊天：“张哥啊，今天是我的生日，去哪里找一只本地土鸡，我们烤着吃吧。”我说：“我们村养的鸭比较多，没有养鸡，等你们支书来了，我们一起去找。”下午 4 点多，百坭村支书来了，我跟他说，你们第一书记刚来，对这里还不熟悉，今晚生日想烤一只土鸡。当天晚上，我们在副主任家吃晚饭，然后又一起动手烤鸡。我感觉她一点架子都没有，也没有刚出大学的娇气，就像是自己妹妹一样亲切。

2018 年 12 月 11 日 星期二

今天第四批小额信贷名单公布了。群众对这个有误解，认为自己不能办理小额信贷是政府的问题，但实际上这和信用透明度挂钩。有一户贫困户因贷款逾期不能办理小额信贷，一直不理解和不支持后续的工作，我必须想办法做好思想工作和宣传工作。

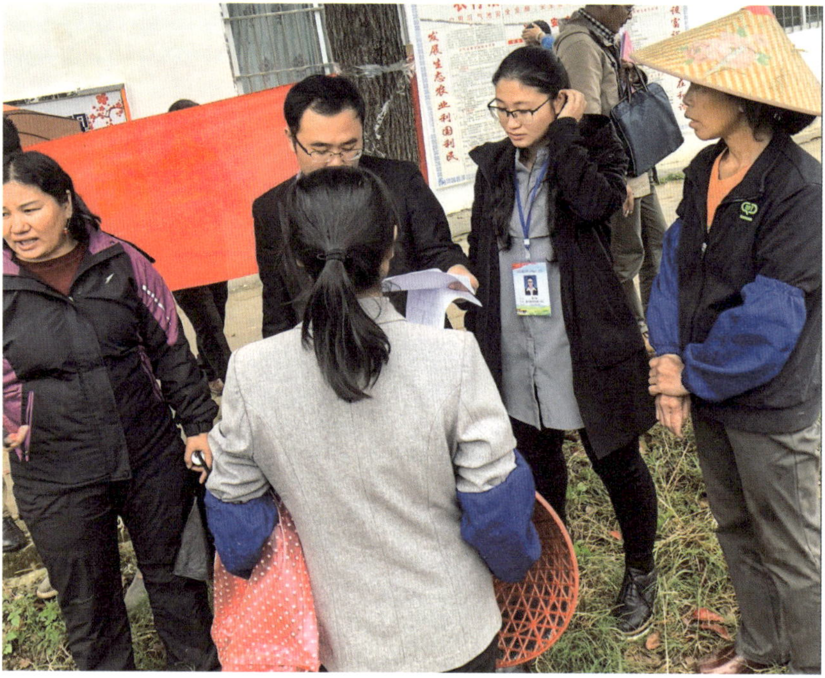


黄文秀向村民宣传政策

2018 年 12 月 18 日 星期二

今年必须完成以下整改工作：

1. 健康扶贫

（1）办理慢性病卡。

（2）生病、住院报销达标情况。

（3）慢性病门诊买药是否达标。

2. 易地搬迁

（1）拆迁房屋必须复垦。

（2）帮扶联系的大铁牌必须钉到易安户门外。

（3）易安户“双认定”的地点必须在易安房内。

（4）门外要张贴对联。

3. 手册填写

（1）除了 12 月的收入不用填写，其他内容都要填，致贫原因结合实际情况仔细填写。

（2）有人口失联情况的必须有公安局的证明。

（3）得过低保的都是低保贫困户。

（4）年人均收入每处都要填写，不能留空。

（5）是否还存在未安装门窗的。

4. 教育扶贫

（1）“雨露计划”每年要重新申请。

（2）是否有辍学。

（3）送教上门是否有台账记录。

5. 产业奖补

（1）油茶新品种和良种改造的申请。

（2）照片上必须有贫困户、产业、帮扶干部，没有人帮拍就自拍一张，贫困户＋产业一张，帮扶人一张。

（3）仔细查看文件。

2018 年 12 月 19 日 星期三

一、早上做计划

二、走访困难贫困户，了解“雨露计划”落实情况、住院报销保险情况

三、党建工作

今年工作怎么做，协商怎么做。党建带脱贫，召集全村的党员，鼓励参与脱贫，先富带动后富。

四、产业

重点发展产业，动员发展产业。

五、健康扶贫

住院报销必须达到 90%。

六、志愿者工作

①健康扶贫；②产业扶贫；③教育扶贫。

黄文秀考察砂糖橘生长情况

# 扶贫一周年感想

本文根据黄文秀扶贫工作一周年所写的感想整理。

在黄文秀驻村满一年的那天，她的汽车仪表盘里程数正好增加了25000公里，她乐观地写道："我心中的长征，驻村一周年愉快。"她在脱贫攻坚第一线倾情投入、奉献自我，用美好青春诠释了共产党人的初心使命，谱写了新时代的青春之歌。

## 扶贫，从“新手”到“熟路”

2019年全国两会召开期间，习近平总书记在参加各省代表团审议时多次谈到脱贫攻坚。在参加甘肃代表团审议时，习近平总书记强调：“脱贫攻坚越到紧要关头，越要坚定必胜的信心，越要有一鼓作气的决心，尽锐出战、迎难而上，真抓实干、精准施策，确保脱贫攻坚任务如期完成。”作为脱贫攻坚一线的基层干部，学习习近平总书记的讲话精神，我深有感触。

2019年3月26日，我担任百色市乐业县新化镇百坭村驻村第一书记刚满一年。一年来，我坚持带领群众学习贯彻习近平总书记关于扶贫工作的重要论述，坚持吃住在村，摸透村情民意，团结党员群众，以昂扬的斗志、饱满的热情、旺盛的干劲，带领村两委干部如期完成百坭村2018年的各项脱贫攻坚任务，从一名扶贫“新手”变得“轻车熟路”。

### “新手”如何“上路”

在我驻村满一年的那天，我的汽车仪表盘里程数正好增加了25000公里，我简单地发了一条微信朋友圈：“我心中的长征，驻村一周年愉快。”

还记得初到百坭村的情景，那时候我还是一个从没有接触过农村工作的“新手”。为了贯彻落实习近平总书记一直强调的“坚持精准扶贫、精准脱贫，找到问题根源，增强脱贫措施的实效性”，为了全面掌握百坭村的致贫原因和现状，我坚持用土办法，对村内的贫困户开展遍访工作，认真查摆问题，并听取民情民意。

但是百坭村全村一共有195户建档立卡贫困户，分散居住在几个不同的山头，对于我这个不熟悉地形的“新手”来说，要在最短时间内掌握全村贫困户的详细情况，是非常困难的。但我没有失去信心，想起了那句话——“让扶过贫的人像战争年代打过仗的人那样自豪”，长征中，战士死都不怕，在扶贫路上，这点困难怎么能限制我前行?

到了驻村第二周的周末，我将车子小心翼翼地开到村里，正式开始我的扶贫之路。作为百坭村首位女第一书记，村民对我的到来都表示怀疑：“之前来了这么多书记，有的来村里镀层金就回城里升官了，你这个小年轻估计也是来走个过场的，我们跟你聊了也没用。”“跟你说了你能帮我们解决问题吗?来了这么多第一书记都没让我们村富起来，你一个女娃娃就能行?别在这儿耽误工夫了，赶紧回城里享福去吧。”……听到村民们这么说，我觉得心里憋屈，搞不懂为什么我辛辛苦苦地翻山越岭、走村串户，老百姓们却对我这么排斥。

我找到了村里的老支书向他请教，老支书语重心长地对我说：

“黄书记，你刚来老百姓们对你还不熟悉，他们不愿意与你深聊，你也要理解他们。农村其实是一个熟人社会，老百姓们跟你熟了，自然就接纳你了。”如何才能跟老百姓熟起来？那天晚上回到宿舍，我一宿没睡着。要想让老百姓愿意接近我，就得让老百姓觉得我和他们是一样的。

从那以后，我到贫困户家不再是拿着个本子问东问西，而是脱下外套帮贫困户打扫院子；贫困户不让我进家门，我就去两次、三次；贫困户不在家，我就去田里，边帮他们干农活边聊天，时间久了，村民们跟我见得多了，开始慢慢地接受我了。“你这个女娃娃还真是难‘缠’得很哩！”不少贫困户跟我开玩笑说。

经过 2 个月的摸底，我基本掌握了全村概况。百坭村共有 472 户 2068 人，建档立卡贫困户 195 户 883 人，2017 年未脱贫的为 154 户 691 人，因学致贫和因残、因病致贫占比最高。

除了走访全村的贫困户，我还有针对性地走访了村内党员、退休村干、退休教师以及各村屯的小组组长。他们反映最为集中的一个问题就是山上片区 5 个屯的通屯道路硬化问题。这 5 个屯在 2014 年已经修通通屯的砂石路，但南方雨季长、雨量大，多处路段的砂石已被雨水冲刷流失，一下雨，路面就泥泞不堪，坡度较陡的路段雨季摩托车都不能通行，还有一些路段因泥石流、滑坡等出现了垮塌。这不仅影响了附近群众的交通出行，还有一个关键问题，全村的产业都集中在这 5 个屯的范围内，基础设施的完善对百坭村的发展至关重要。对于群众反映的这些问题，我都一一记录在驻村日记中，并向上级相关部门反映情况。2019 年，除两条路已达到通屯道路标准没有被列入外，其余 3 条路已被列入乐业县 2019 年第一批财政专项扶贫资金安排项目。

习近平总书记关于“六个精准”的论述一直是我开展扶贫工作的方法论。为了实现“帮扶措施精准”，按照县里的统一要求，我在村内组织召开了多轮研判会，针对全村未脱贫户、已脱贫户，每一位结对帮扶干部就自己帮扶贫困户的收入情况、产业发展情况进行了汇总。对于已脱贫的贫困户也不能降低帮扶力度，继续做好跟踪帮扶工作，同时建立返贫预警机制，巩固脱贫成效；对于未脱贫户则因户施策，杜绝虚假脱贫和“数字”脱贫。同时，同步做好国家扶贫政策的宣传，提高群众的知晓率和获得感。

## “我也要让家里的孩子在大学里申请入党”

和村民渐渐熟悉之后，他们开始好奇我为啥要跑到农村来工作。有一次，在全村最远的长沙屯走访结束后，该屯的黄仕京坚持要留我们在他家一起吃晚饭。黄仕京家有 5 口人，父亲已经 84 岁，大儿子是广西民族大学大二学生，小儿子则于 2018 年 7 月考取广西医科大学，家庭开支主要依靠销售家里种植的八角和农闲时黄仕京外出务工维持，家中因学致贫。我了解到情况后，及时为他家申请了“雨露计划”，他家一次性获得了 5000 元的补助，解了他家的燃眉之急。席间，黄仕京突然问我：“书记，听大家说你也是大学毕业生，还是从北京回来的研究生，怎么会想到这么偏远的农村工作呢？我的孩子以后也会面临找工作问题，我真的对你当初的选择感到好奇。”

我思考了片刻对他说：“百色，是一个集革命老区、少数民族地区、边境地区、大石山区、贫困地区、水库移民区‘六位一体’的特殊地区，是全国脱贫攻坚主战场之一。作为家乡的一分子，面对如此情况，怎么还有理由不回来呢？一位世界著名的社会学家说过：‘一个国家的落后在于精英的落后，而精英的落后在于嘲笑民众的落后。’我们党深刻明白这个道理，从而提出要靠教育扶持一批人脱贫，并且扶贫要扶志和扶智，这样一个切实为群众谋发展、谋福祉的党，我怎么能不响应号召呢？”同桌的老人听了我的话后，当场端起酒碗向我敬酒，表示也要让家里的孩子在学校申请入党，以后让孩子回家乡工作。听了他的话，我心里非常感动，自己的工作能够让群众真切感受到共产党的好，对我来说是非常大的鼓舞。

2018 年走过的扶贫之路，对我而言更像是心中的长征，在这条路上，我拿出了极大的勇气和极大的信心，克服各种困难，带领全村 2018 年通过易地扶贫搬迁脱贫 18 户，教育脱贫 28 户，发展生产脱贫 42 户，共计 88 户，完成了屯内 1.5 公里的道路硬化，4 个蓄水池的新建，17 盏路灯的亮化工作，村集体经济收入实现 6.38 万元，获得了 2018 年度“乡风文明红旗村”荣誉称号。

截至目前，全村还有 15 户未脱贫，百坭村的基本公共服务建设还有待完善，如何推进产业发展还需继续谋划。面对这些，我充满信心，我将一如既往地坚持贯彻落实习近平总书记关于扶贫工作的重要论述，坚持目标标准不动摇，贯彻精准方略不懈怠。行百里者半九十，不搞急功近利，杜绝形式主义，继续加强农村基层党组织建设，增强群众获得感、幸福感、安全感，为百坭村如期打赢脱贫攻坚战，如期和全国同步进入小康社会作出新的贡献。

# 后　记

汤　婧

作为一名一线记者，我的采访故事，通常都是从与主人公面对面开始的。然而这次不同，我要面对的这个女孩，她已经不在了，我要以一种特别的方式去走近她，用镜头去追寻她走过的路。

对黄文秀事迹的报道，一开始，我以为这只是一个普通的人物事迹报道，然而让我没有想到的是，当我一步一步走进黄文秀的世界，去翻看她留下的遗物，去翻阅她留下的驻村日记时，我被震撼了。

这本驻村日记是黄文秀书记担任百坭村第一书记后自发记录的，里边记录的大都是有关百坭村扶贫工作的事情，有2018年凌云一带遭遇山洪时她的工作状态，有村里砂糖橘产业园成型时的心情，还有她日常的工作任务。日记里面有很多内容都很令人感动，比如她说，困难群众的住房和饮水问题都达标了，自己的车技提升了……一切与村里有关的大大小小的事情都让她十分开心。她在日记里深情地写道："只有扎根泥土，才能懂得人民。"字里行间透露出她对驻村工作的深情投入和对贫困群众脱贫致富的真切期盼。

怀着敬佩的心情，我踏上黄文秀先进事迹的采访之路，以期用镜头重现黄文秀工作、学习、生活的点滴。

近半个月的现场走访，每一个采访对象面对镜头的时候，几乎都会哽咽，好几次交谈时我也忍不住湿了眼眶。这个女孩，我从来没有见过她，但是却感觉她是那么的熟悉。

文秀出事后的那几天，凌云、乐业一带仍然暴雨不断，村干部说这里地处山区，汛期特别容易发生洪涝灾害，要特别小心。2019年6月20日，我们驱车前往百坭村，因为前几天山体滑坡有大石滚落，进村的路被堵住了，只能下车步行。在泥泞路上步行了近2公里，再换乘皮卡车继续前行。然而，就是这样一条险恶的路，却是文秀经常走的扶贫路。当天下午，在百坭村村委办公室，20多个人围坐在一起，诉说着对文秀的思念。

皈里村第一书记张芹维说："百坭村还有将近一半在家务农的村民，他们没办法出去挣钱。皈里村靠养蜜蜂挣了点钱，文秀知道了，很想把这个短平快的产业项目引进百坭村。"他们约好6月18日去取蜜蜂。那天上午，张芹维一直给文秀打电话，但怎么也打不通。没想到，蜜蜂准备好了，但文秀却没有回来，等来的是一个大家都不愿意相信的消息。说到这里，张芹维停了下来，面对那么多人，他一个大男人突然就用手捂着眼睛，哭了。那是我第一次听到文秀的故事，哽咽了。

2019年，文秀30岁，她和我的年纪相仿，我相信她跟我一样，都有着爱和追求；但当她放弃繁华的城市，回到大山深处的贫困村时，她又有着和我们同龄人不一样的执着与坚守。同样是30岁，我在享受着青春，而她却没来得及好好说一声再见。

我曾走进文秀担任第一书记驻村时居住的房间，那个七八平方米的小屋子让我很感慨，一张床，一个书架，一张电脑桌，还有2本驻村日记。很难想象，这是一个刚从北京学成归来的时尚女孩的房间。村民们告诉我，文秀驻村以后变了，变黑了，变结实了，变得更像村里的自家人了，她脱下了高跟鞋，换下了连衣裙，成了村里的“灰姑娘”。村民们还告诉我，为了和老百姓打成一片，她学会了当地村民说的桂柳话，端起了满是茶渍的旧瓷碗，喝起了略显浑浊的玉米酒，她就是这样一步一步走进了群众的心里。

这一幕一幕，一切一切，又何止是我难过与不舍呢？6月底，我随文秀的亲朋好友去中央电视台录制《时代楷模发布厅》节目，村民班统茂第一次走出大山，也是第一次来到北京，刚踏进演播室，他的眼眶就红了。他说：“北京那么大，那么漂亮，那么繁华，一般人来到北京念书，是不会回我们村去的，因为差距太大了。”2018年，文秀带领班统茂成了村里的致富带头人，如今他家收入稳定了，家里那栋破破烂烂的旧房子也修好了，他还等着请文秀书记去吃顿饭，却没想到这成了他一辈子的遗憾。

我们去到文秀母校北京师范大学的时候，探望了一位退休老教师，老人家已经101岁了，丈夫30年前去世，膝下无子女，只有护工陪伴，文秀曾主动放弃与家人团聚，留在北京陪老人过年。毕业回到百色，还经常给老人寄水果、打电话，两人关系特别好。老人家知道文秀出事后，几夜没合眼，见到我们的时候，双手紧紧握着，不愿松开，她说文秀就是她唯一的亲人，话才刚说出口，老人的眼泪就流了下来。

我曾想，不忘初心、牢记使命，是不是一定要做一些惊天动地的事？那一刻我明白了，很多事并不是我们做不到，而是贵在抉择，贵在坚守。在采访的日子里，我们加班加点，辗转赶路，通宵制作，为的是让越来越多的人认识“黄文秀”这个名字，但遗憾的是，除了能找到文秀生前不多的视频和照片，我们再也没有机会见到文秀本人。画面里的文秀一直在笑，这个姑娘在如花一般的美好年纪，将生命永远定格在了2019年的夏天。

初心无悔，誓言无声，文秀最美的芳华，我们都见证着。30载璀璨青春虽然短暂，如流星般划过但是却留下闪光的轨迹。文秀带给我们那股充实在心中的震撼，那种平凡人肩负起不平凡使命的感动，会一直存在。脚下有泥土，心中有真情，愿这份感动永远陪伴着我们，温暖前行。

参与《黄文秀扶贫日记》的撰写，主要是为了怀念黄文秀，同时将采访到的关于黄文秀的先进事迹与黄文秀的驻村日记相结合，让读者更全面地了解黄文秀在百坭村奋战的1年零82天里所付出的努力，将她的奉献精神更好地传递给大家。

# 黄文秀精彩语句

只有把个人的追求融入党的理想之中，理想才会更远大。一个人要活得有意义，生存得有价值，就不能光为自己而活，要用自己的力量为国家、为民族、为社会作出贡献。

作为一名党员，我就必须积极响应党的号召，投身到祖国和人民群众最需要的地方去。

很多人从农村走了出去就不想再回去了，但总是要有人回来的，我就是要回来的人。

不获全胜，决不收兵。

长征中，战士死都不怕，在扶贫路上，这点困难怎么能限制我前行?

既然选择了，唯有坚持。

尽力去做吧，别人可以我也可以。

每天都很辛苦，但心里很快乐。

只有扎根泥土，才能懂得人民。

我发现我的方言进步了。可以和贫困户完整用桂柳话交流了。

扶贫要扶志、扶智，当下社会条件如此好，只要勤快，真的不会有生活不好的。

我心中的长征，驻村一周年愉快。

自己的工作能够让群众真切感受到共产党的好，对我来说是非常大的鼓舞。